EVERY DAY FOR FUTURE

Digital & Technik

75 Dinge, die du selbst tun kannst,
um **nachhaltiger online** zu sein
und Technik bewusst einzusetzen

INHALT

Welche der 75 Ideen hast du schon umgesetzt, was willst du als nächstes ausprobieren? Kreuze es hier an!

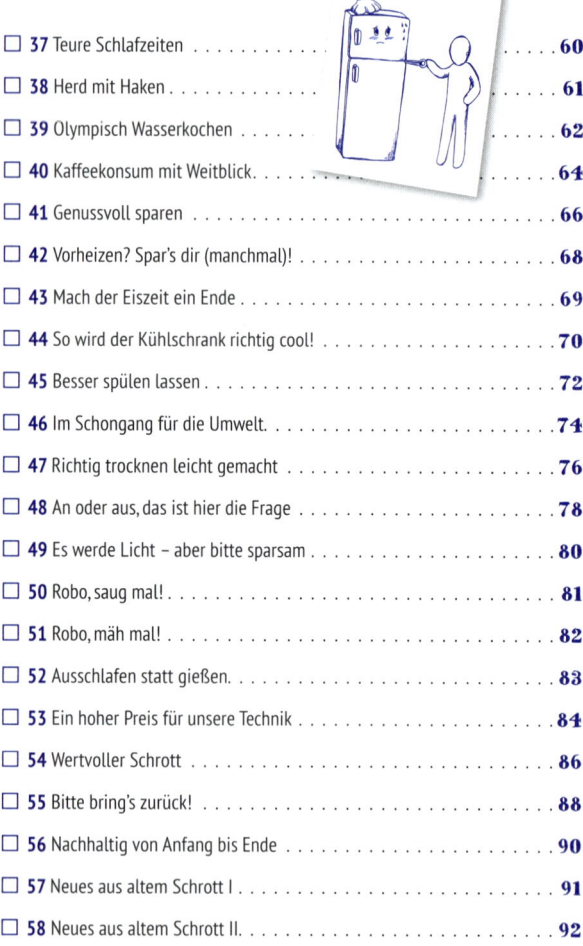

GEMEINSAM FÜR DIE ZUKUNFT!

Nachhaltigkeit, was versteht man darunter genau? Ein Lexikon, ein Politiker oder die Mitglieder der Fridays-for-Future-Bewegung würden unterschiedliche Schwerpunkte setzen, und das ist gut so. Denn jeder von uns hat seine ganz persönlichen Interessen, Wertvorstellungen und Ideale.

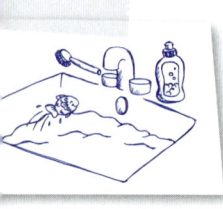

Nehmen wir beispielsweise mich, einen Internetnutzer seit 1995 mit buntem Lebensweg, ständig am Dazulernen. Als frisch gebackener Führerscheininhaber war ich überzeugter Autofahrer, heute nutze ich lieber Fahrrad, Bahn und Motorrad. Bioläden fand ich als Kind irgendwie komisch, heute freue ich mich über den Siegeszug von Bioprodukten in normalen Supermärkten. Früher wollte ich bei allen elektronischen Geräten immer wissen, wie sie aufgebaut sind und warum sie funktionieren. Heute überlege ich eher, **wozu etwas gut ist und wie man es am besten für sich nutzen kann.**

Mein Studienfach Betriebswirtschaftslehre sieht im Thema Nachhaltigkeit nur Zahlen, Kosten und Wettbewerbsfaktoren. Das ist schade, weil gesellschaftliche, politische, technologische und ökologische Aspekte unberücksichtigt bleiben. Beim Kampf gegen Umweltzerstörung, Ressourcenverbrauch und Klimawandel rufen viele immer gleich nach dem Staat, den großen Konzernen und der Wissenschaft. Das ist bestimmt nicht verkehrt, aber **Veränderungen können bei jedem von uns beginnen**. In deinem individuellen Verhalten, deinem Alltag und deiner Lebenseinstellung gibt es kleine und große Dinge, die sich leicht verbessern lassen.

Es geht übrigens nicht darum, sofort alles perfekt zu machen. Auch ich habe meine Schwächen, aber wenn jeder nur ein paar Dinge beherzigt, ist das schon **besser als gar nichts zu tun.** Zahlreiche Ideen, Anregungen und Hintergrundinformationen dazu liefert dir dieses Buch. Und jetzt wünsche ich viel Spaß beim Lesen, Nach- und Umdenken und Umsetzen!

Frerik Precht

Frerik Precht

GREENLINE IST DAS NEUE ONLINE

Hättest du's geahnt? Eine einzige Suchanfrage verbraucht ca. 0,3 Wh Strom, andere Zahlen sprechen gar vom bis zu Zehnfachen. Weltweit gehen **schätzungsweise 5% des Stromverbrauchs sowie 2% des CO_2-Ausstoßes für das Internet** und seine Dienste wie Suchmaschinen, Videoportale, E-Mail-Anbieter und Cloud-Speicher drauf. Tendenz: steigend.

Zum Glück gibt es Anbieter, denen dies bewusst ist und die versuchen, **mit ökologischem Engagement gegenzusteuern und den Stromverbrauch zu kompensieren.** Die Server der Suchmaschine ecosia.de beispielsweise laufen mit Ökostrom und ein großer Teil der Einnahmen wird an Initiativen gespendet, die Bäume pflanzen. Durch gexsi.com werden nachhaltige Projekte aller Art unterstützt. Und bei lilo.org (nur Englisch) kannst du ein Suchmaschinen-Plugin installieren und selbst entscheiden, wofür die Werbeeinnahmen verwendet werden sollen.

Auch bei E-Mail-Anbietern gibt es nachhaltige Alternativen, etwa posteo.de und mailbox.org. Beide Dienste werden regelmäßig in Tests für gut befunden, nutzen Ökostrom und setzen sich für Nachhaltigkeit, Datensicherheit, Verschlüsselung und Werbefreiheit ein.

Übrigens:

Der Anbieter ecosia.de pflanzt derzeit pro 46 Suchvorgängen einen neuen Baum. Würden alle Internetnutzer auf dieser Erde ecosia.de für ihre Suchanfragen verwenden, könnten wir mit den neu gepflanzten Bäumen **den CO$_2$-Ausstoß des Autoverkehrs weltweit neutralisieren!**

2

WLAN ON DEMAND

Licht schaltet man nur dann ein, wenn man es braucht. **Warum sollte es also beim WLAN-Router anders sein?**

Am besten wäre es natürlich, den ganzen Router **nur dann einzuschalten, wenn du ins Internet willst.** Aber das ist zugegebenermaßen auch unbequem, es dauert oft zwei bis drei Minuten, bis die Verbindung wieder steht.

Ein guter Kompromiss ist es, den Router immer laufen zu lassen, aber **das WLAN nur nach Bedarf einzuschalten.** Das geht einerseits per Tastendruck am Gerät, damit ist man sehr flexibel, es braucht nur die nötige Disziplin. Und es geht andererseits per Zeitschaltung für eine bestimmte Tageszeit. Die Konfigurationsseite fast aller Router bietet diese Möglichkeit an, mit Glück kannst du auch gleich noch die WLAN-Sendestärke reduzieren. Und ganz ehrlich: Nachts einfach mal abschalten ist nicht nur für die Stromrechnung gut, sondern auch für uns Menschen.

Übrigens:

Das Ausschalten der WLAN-Funktion spart ca. 1–2 W ein. Das klingt verschwindend, aber bei 10 Std. Pause am Tag ergibt das **bis zu 7 kWh im Jahr,** die sonst ungenutzt verpuffen. Mit dieser Strommenge kann man einen normalen Fernseher drei Tage am Stück laufen lassen.

3

NIMM DEN UMWEG!

Zum guten Ton im Internet gehört es schon lange, **keine großen Dateien per E-Mail zu verschicken.** Dafür ist das Medium einfach nicht gedacht.

Die mit einem großen Anhang aufgeblähte Mail wird mehrfach herumgereicht und **verbraucht eine Menge Übertragungskapazität, bis sie irgendwann zugestellt wird.** Danach liegt sie auf dem Server und belegt viel Speicherplatz. Und beim Abrufen auf den Client geht das ganze Spielchen erneut los. Hinzu kommt, dass viele Empfänger von Mailinglisten oder großen Verteilern die Dateien womöglich gar nicht brauchen.

Übrigens:

Du willst mehr als 50 GB versenden, möglicherweise sogar an mehrere Empfänger? Auch kein Problem, allerdings nicht ohne **Softwareinstallation und Konfiguration.** Probiere eine dieser Lösungen: Terashare; ein eigener FTP-Server wie FileZilla; die Fritz!Box inkl. NAS + MyFritz Dienst; ein eigener Cloud Server wie Tonido.

Das Mittel der Wahl ist der Upload großer Dateien in deinen persönlichen Cloud-Speicher oder an einen darauf spezialisierten Hoster, z.B. WeTransfer, DropSend, Transfer XL oder Firefox Send. Der stellt dann einen bequemen und sicheren Downloadlink bereit, und dieser wird per Mail verschickt. Fertig! Das ist nachhaltiger, höflicher und **löst auch gleich noch das Problem der maximalen E-Mail-Größe.**

4

DIGITALER MÜLL IST AUCH MÜLL

Der Aufkleber „Keine Werbung" am Briefkasten stoppt unerwünschte Reklame, für das digitale Postfach geht das leider nicht so einfach. Unerwünschte E-Mails verbrauchen zwar kein Papier, dafür aber Strom (und abgesehen davon kosten sie auch noch Nerven). Auch wenn eine einzelne Mail kaum ins Gewicht fällt, **die Summe macht's!**

2018 wurden in Deutschland ungefähr 850 Mrd. Mails verschickt. Das entspricht **12.500 Mails für jeden aktiven Internetnutzer!** Mal ehrlich, wie viele davon waren für dich wirklich nützlich oder wichtig? Diese Entwicklung ist schädlich, denn irgendwie muss schließlich der viele Strom produziert und bezahlt werden, den Server und Netzwerktechnik verbrauchen. Melde dich also gleich jetzt von allen nutzlosen Newslettern ab, lösche alte Accounts und ändere die Benachrichtigungseinstellungen bei allen Diensten, die dich sonst noch mit Mails überschütten. Den Spam-Filter zu nutzen reicht nicht aus, dann wird die Mail ja trotzdem verschickt und belegt Ressourcen bei deinem Provider.

Übrigens:

Ungewünschte Accounts löschen ist oft gar nicht so einfach. Auf Websites wie www.justdelete.me findest du eine Liste aller großen Dienste sowie **Tipps und Anleitungen zum Abbestellen.** Und für Newsletter gibt es Websites und Apps, die dein Mailpostfach durchsuchen und dann wirksam die Mailflut reduzieren, z.B. www.cleanfox.io, www.unsubscriber.com oder www.unroll.me.

5

TRACK AND SURF

Sparsam mit dem Datenverbrauch umgehen ist beim Surfen gar nicht so einfach: Wer von uns weiß denn genau, **auf welcher Webseite welcher Datenverbrauch entsteht** und welche Folgen das hat? Mit passenden Plug-ins oder Add-ons für den Browser kannst du das maßgeschneidert für dich herausfinden, denn diese tracken solche Daten.

Für Firefox ist der Carbonalyser ausgesprochen nützlich. Er **misst unauffällig den laufenden Datentransfer,** stellt grafisch dar, welche Websites am meisten von dir genutzt wurden, und rechnet aus, wie viel kWh und wie viel CO_2 das entspricht. Und du kannst die Messung jederzeit zurücksetzen und neu starten.

Für Chrome gibt es leider nichts uneingeschränkt Empfehlenswertes auf Deutsch. Mit Cloud Carbon wird der CO_2-Fußabdruck von Netflix, YouTube und Facebook ganz grob gemessen und auf der Startseite angezeigt. Mit Earth Mode wird ebenfalls **die CO_2-Belastung berechnet,** per Klick kannst du die Einteilung in verschiedene Kategorien sehen.

Übrigens:
Maßvolle Nutzung hilft immer, da kann jeder etwas tun. Noch viel besser wäre es natürlich, wenn alle Provider, Rechenzentrenbetreiber und Diensteanbieter konsequent nachhaltige Energien nutzen würden. Wer das tut oder auch nicht, lässt sich leider nur schwer erkennen, das Prinzip des Internet ist ja gerade die **Verteilung auf sehr viele unabhängige Standorte und Server.**

6

ENERGIESPARENDE BLOCKADE

Werbung ist im Alltag einfach überall. Plakate kannst du ignorieren, aber auf Websites gibt es kein Entkommen. Ha, falsch gedacht! Mit Werbeblockern, auch Adblocker genannt, kannst du dich **am Computer und Smartphone dagegen wehren – und Energie sparen.**

Durch das Blockieren werden Websites schneller, weil nicht auf das Nachladen der Werbeelemente gewartet werden muss. Und alles, was nicht durch die Leitung geht, reduziert den Datentransfer (auch gut für das Datenvolumen) und damit den Stromverbrauch. Außerdem surfst du sicherer, denn **Werbenetzwerke sind ein beliebtes Angriffsziel für Hacker.** Doch Achtung, manchmal geht das nicht: Ohne Werbung können viele Websites nicht kostenlos betrieben werden, daher lassen manche keine Werbeblocker zu.

Übrigens:

Der Anteil der geblockten Werbung in Deutschland liegt seit einigen Jahren stabil bei 25%. Das sorgt immer wieder für hitzige Diskussionen und **Klagewellen zwischen Website-Betreibern und Adblocker-Entwicklern.** Eine endgültige Meinung von Gerichten und Politik steht noch aus, aber vielleicht findet sich bald ja ein Kompromiss, etwa weniger und dezentere Werbung.

7

MOBIL IST NICHT ALLES

Der Trend bei Smartphone-Tarifen geht zu immer schnelleren Geschwindigkeiten und größerem Datenvolumen bei flexiblen Vertragslaufzeiten (oder gar ganz ohne Vertrag). Da fragst du dich vielleicht, **ob der kabelgebundene Internetanschluss zu Hause überhaupt noch nötig ist?** Aus ökologischer Sicht ist die Antwort klar: Ja, ist er.

Eine Übertragung von 1 GB benötigt per Mobilfunk mit ca. 0,5 kWh **vier Mal so viel Strom wie die Übertragung per Kabel** und eigenem WLAN. Außerdem ist mit VDSL, TV-Kabel und Glasfaser die maximal mögliche, real erreichte Geschwindigkeit immer noch deutlich höher als bei mobilem Internet. Und der Festnetztelefonanschluss ist meist auch inklusive.

Weiche auf Mobilfunk daher bitte nur aus, wenn du unterwegs bist oder wenn du mangels Verfügbarkeit an deinem Wohnort gar keine andere Wahl hast.

Übrigens:

Das über Mobilfunk genutzte Datenvolumen steigt kontinuierlich, 2019 waren es bereits 2,7 Mrd. GB. Das Volumen im Festnetz steigt nur noch langsam, aber die absolute Menge ist mit 50 Mrd. GB zum Glück noch immer deutlich höher. In Zeiten von Digitalisierung in der Industrie, Videostreaming und mobilen Arbeitsplätzen könnte sich dieses Verhältnis aber doch irgendwann umkehren – schlechte Aussichten für unseren Stromverbrauch!

8

SOLCHE DATEN KANN MAN SICH SPAREN

Wie wir bereits wissen, fressen die Mobilfunkübertragung und die Internet-Weiterleitung relativ viel Strom. Aufs Smartphone und das bequeme Online-Sein unterwegs möchte natürlich niemand verzichten, aber zumindest kannst du ein paar Punkte berücksichtigen, die den **Stromverbrauch durch Datentransfers am Handy reduzieren.**

Übrigens hält auch dein Akku länger, wenn du weniger Strom verbrauchst. Versuche doch mal Folgendes:

· Schalte Hintergrunddienste und -Updates ab.

· Richte das Intervall für den E-Mail-Abruf größer ein.

· Deaktiviere das automatische Herunterladen von E-Mail-Anhängen.

· Schalte den Medien-Autodownload deines Messengers ab.

· Nutze, so oft es geht, WLAN und aktiviere den Flugmodus, wenn du nicht erreichbar sein musst.

· Nutze beim Surfen Adblocker.

· Setze die Bildqualität bzw. Auflösung bei Videostreams herab.

- Lade benötigtes Kartenmaterial zur Offline-Verwendung herunter, solange du dich im WLAN befindest.

- Aktiviere die Datenkomprimierung deines Browsers.

- Identifiziere mithilfe des Menüpunkts Mobile Datennutzung bzw. Mobiles Netz datenhungrige Apps und vermeide deren Nutzung (oder lösche sie gleich ganz).

Übrigens:

2019 betrug der **durchschnittliche monatliche Datenverbrauch pro Kopf im Mobilfunk 2,5 GB** und im Festnetz 137 GB. Das liegt aber nicht am ökologischen Bewusstsein der deutschen Handynutzer, sondern an den hierzulande vergleichsweise teuren Tarifen. Die Umwelt freut's trotzdem!

9

LEBENSVERLÄNGERUNG FÜRS HANDY I

Dein Handy ist noch gar nicht so alt, aber trotzdem läuft es immer langsamer? Dann wird es **Zeit aufzuräumen – und zwar digital!** Anschließend hält der Akku länger und das System reagiert flotter.

Zuerst müssen alle **Apps runter, die du eh nie benutzt.** Was nicht deinstalliert werden kann, lässt sich oft wenigstens deaktivieren. Für sehr große, leistungshungrige Apps gibt es manchmal kleine sparsamere Alternativen (z.B. Facebook Lite oder die Google „Go"-Apps). Und der Bildschirm braucht auch viel Strom, also regle die Helligkeit herunter. Dann geht's an große Nutzerdaten: Fotos, Videos und Musikdateien kannst du löschen, auf eine MicroSD-Karte verschieben oder in die Cloud hochladen.

Übrigens:

Wenn du Spaß an extremen Basteleien hast, solltest du dich mit den Themen **Jailbreak, Rooten und Custom-ROM** beschäftigen. Du verlierst zwar die Garantie, aber gewinnst die absolute Herrschaft über dein Smartphone: mehr Performance, mehr Einstellmöglichkeiten, andere Standard-Apps und viele neue Verwendungsmöglichkeiten.

Nimm nun noch ein paar **Einstellungen mit viel Einfluss auf die Performance** vor: Verzichte auf Designeffekte bei der Anordnung von Apps und für den Start- oder Sperrbildschirm. Stelle Live-Hintergründe und Animationen ab, die sind ebenfalls Schwerstarbeit für dein Handy. Automatische Updates kannst du lieber „nur über WLAN zulassen", oder du erledigst Updates gleich nur noch manuell. Schalte alle Benachrichtigungen und Hintergrundaktivitäten aus, die du eigentlich nicht brauchst.

All das macht dein Handy zwar nicht plötzlich zum Top-Sprinter, aber **im Dauerlauf schafft es wieder seine Runden.**

10

LEBENSVERLÄNGERUNG FÜRS HANDY II

Übrigens:

Die häufigsten Reparaturgründe sind Display, Akku und Ladebuchse. Fast die Hälfte der Reparaturen kann mittlerweile in Eigenregie durchgeführt werden. Ersatzteile und Anleitungen findest du online. Also nur Mut, wenn andere das schaffen, kannst du das auch!

Handys sind empfindlich, auch bei guter Pflege bleiben **Beschädigungen und altersbedingter Verschleiß an der Hardware** nicht aus. Gehe darum vorsichtig damit um und repariere dein Gerät, bevor du ein neues kaufst, das schont nicht nur den Geldbeutel, sondern auch unsere Ressourcen.

Das Display ist ein häufiges Ärgernis, beim Herunterfallen zerkratzt und zersplittert es leicht. **Trageriemen, Schutzfolien und stoßfeste Hüllen** senken das Risiko. Und im Notfall hilft ein Austauschdisplay weiter.

Der Akku wird mit der Zeit gefühlt immer schwächer, das ist normal. Schonendes Laden hilft gegen zu frühen Kapazitätsverlust. Wenn der Akku doch getauscht werden muss, hast du **je nach Handymodell drei Möglichkeiten:** einfacher Wechselakku unter dem hinteren Cover (Handys mit solchen Akkus werden aber leider immer seltener), eigenhändiger Tausch des eingebauten Akkus mit passendem Werkzeug oder der sehr aufwendige Tausch des eingeklebten Akkus (nur vom Profi durchzuführen).

BLEIB NAH DRAN!

Schnurlostelefone im Haushalt sind fast immer Geräte, die den Funk-Standard DECT nutzen. Die bewährte Technik liefert **in Gebäuden gut 50 m Reichweite**. Soviel braucht man oft gar nicht, eine niedrigere Sendestärke reicht in vielen Wohnungen und Häusern völlig aus. Und die spart Strom und verlängert die Akkulaufzeit.

Ob die Funkwellen Auswirkungen auf unsere Gesundheit haben, ist bis heute umstritten. Der Auslieferungszustand bei DECT ist leider fast immer „volle Power". Wer sich Sorgen macht, sollte also unbedingt **auf die richtige Einstellung von Basis und Telefon achten.** Jeder Hersteller nennt es unterschiedlich, aber gemeint ist immer das gleiche: Suche in der Anleitung oder im Gerätemenü nach den Begriffen Eco DECT, Eco Modus, Eco Plus, verringerte Funkleistung, strahlungsfrei. Oft kann man auch zwei Punkte kombinieren. Teste anschließend kurz die Reichweite und die Gesprächsqualität, damit das nächste wichtige Telefonat störungsfrei verläuft.

Übrigens:

Bekommst du von deinem Internetanbieter einen IP-basierten Telefonanschluss? Und hast du einen Router mit integrierter DECT-Basis? Dann melde das Telefon doch direkt am Router an, ohne Umweg über die alte Basisstation. Schon hast du **weniger Kabel-salat und weniger Stromverbrauch.**

12

GROSS UND STARK ODER KLEIN UND FLINK?

Laptops und **Notebooks sind auf Energieeffizienz getrimmt,** sie benötigen im Betrieb also weniger Strom als vergleichbare Desktop- oder Tower-PCs. Dass sie darum die bessere Wahl sind, lässt sich aber nicht pauschal sagen, denn es kommt wie so oft auf den Einsatzzweck an.

Große PCs bringen im Vergleich **deutlich mehr Leistung,** können gut aufgerüstet werden, sind einfacher zu reparieren und halten länger. Wenn du einen richtigen Arbeitsplatz mit gutem Bildschirm oder viel Rechenleistung für Spiele, Videobearbeitung oder Streaming benötigst und schon beim Kauf auf den Stromverbrauch achtest, ist ein normaler PC eine gute Wahl.

Ist dir der mobile Einsatz wichtig und brauchst du das Gerät vor allem, um Texte zu schreiben, Videos zu schauen und zu surfen, wähle den Laptop. **Vielleicht reicht sogar ein Tablet oder E-Book-Reader aus.** Diese Geräte können zwar weniger, aber Preis, Gewicht und Stromkosten sinken ebenfalls.

Übrigens:

Laptops benötigen im Betrieb rund 15–40 W. Bei PCs ist die Spanne deutlich größer, für normale Nutzung reichen 40–80 W, bei Volllast können es gut 250–350 W werden. Bei nur 3 h pro Tag verbraucht der Spiele-PC bis zu 370 kWh pro Jahr mehr als der Surf-Laptop, das sind **fast 10% des durchschnittlichen Stromverbrauchs eines 4-Personen-Haushalts!**

13

CLEVERE BILDSCHIRM-WAHL

Der Bildschirm hat einen enormen Einfluss auf den Stromverbrauch von Geräten. Beim Kauf solltest du ihn daher **nach drei Kriterien auswählen:** Effizienz, Helligkeit, Größe.

Die Effizienz erkennst du bei Fernseher und PC-Monitor anhand des EU-Energielabels. Klasse A++ ist besser als B. Noch wichtiger ist aber die angegebene **typische Leistungsaufnahme in W,** nur damit lassen sich Geräte mit unterschiedlicher Größe sinnvoll vergleichen. Bei Smartphones, Tablets und Laptops muss die angegebene Akkulaufzeit als Indiz ausreichen.

Übrigens:

Gerade bei großen Fernsehern und PC-Monitoren macht sich die richtige Wahl schnell bezahlt. Bei scheinbar gleicher Funktion **verbrauchen einige Geräte tatsächlich doppelt so viel Strom** wie andere!

Die Helligkeit ist das einzige, was du im Betrieb aktiv beeinflussen kannst. **Viel Licht benötigt halt viel Strom.** Achte darum stets darauf, die Helligkeit an deine Umgebung anzupassen. Viele Geräte können das sogar automatisch regeln.

Die Größe hat keinen so großen Einfluss. **Beim Laptop ist es fast egal**, beim Fernseher ist der Unterschied allerdings doch deutlich spürbar.

KEIN WETTRÜSTEN, BITTE

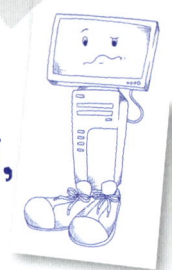

Meist wird beim Erwerb von Einzelteilen, um den eigenen PC aufzurüsten (oder gar selbst zu bauen), nur auf das Preis-Leistungs-Verhältnis geachtet. **Genauso wichtig ist jedoch das Stromverbrauchs-Leistungs-Verhältnis!** Das gilt vor allem für Grafikkarte und Prozessor, denn diese gehören zu den größten Stromfressern.

Immer öfter wird heute in Testberichten und Datenblättern zu diesen beiden Komponenten der **Verbrauch relativ zur gebotenen Performance** angegeben, das ist ein Hinweis, der unbedingt beachtet werden sollte. Als Faustregel für Grafikkarte und Prozessor gilt: Die Komponenten, die die höchste derzeit angebotene Leistung aufweisen, arbeiten am Limit der Technik und sind nicht so effizient wie die etablierte Mittelklasse.

Zudem sollten die beiden Komponenten danach ausgewählt werden, dass sie zur Monitorauflösung und den bevorzugten Spielen passen: Überlege dir also vor dem Kauf genau, ob **alle Teile gut aufeinander abgestimmt** sind und du die Leistung auch nutzen kannst.

Übrigens:

Gib nicht zu viel Geld für überdimensionierte Komponenten aus, deren Leistung du momentan gar nicht benötigst. Von der Ersparnis kannst du ein paar Jahre später immer noch **gezielt die Teile aufrüsten, die zu langsam geworden sind.**

15

ZU WENIG IST DOOF, ZU VIEL ABER AUCH!

Auch **das Netzteil im PC verdient mehr Beachtung** hinsichtlich des Stromverbrauchs, denn es läuft wirklich immer mit. Wenn du ein paar Punkte beachtest, kannst du hier richtig viel Strom einsparen.

Wie immer gilt: Die maximale Leistung (angegeben in W) muss zum Rest des PCs passen. Zu wenig ist schädlich, denn dann stürzt das System unter Last ab. Zu viel jedoch ist unnötig teuer, sowohl in der Anschaffung als auch im Verbrauch. **Das Netzteil funktioniert nicht wie eine Glühbirne,** es läuft also nicht einfach immer mit maximaler Leistung. Vielmehr versorgt es die Komponenten im PC immer genau nach Bedarf, z.B. mit 60 W oder 130 W bis hin zu seiner maximalen Leistung, z.B. 500 W. Die Leistungsaufnahme an der Steckdose ist jedoch höher, weil im Netzteil Wandlungsverluste entstehen. Besonders effiziente Modelle sind mit dem 80 PLUS-Logo gekennzeichnet, bei ihnen sind die Verluste nachweislich geringer. Netter Nebeneffekt: Sie sind dadurch auch leiser und bleiben kühler.

> **Übrigens:**
> Ob sich ein 80 PLUS-Netzteil mit hohem Wirkungsgrad **im Vergleich zu einem günstigeren Modell lohnt,** kommt wie immer auf den Anwendungsfall an. Bei einem gut ausgestatteten Gaming-PC, der 4 h pro Tag mit 300 W läuft, ergibt sich dadurch eine Ersparnis von ca. 45 kWh pro Jahr!

16

MIT DEN DATEN
IN DEN WOLKEN...

Eine Sicherung der Daten auf deinem Computer ist unverzichtbar, als **Schutz vor versehentlichem Löschen, technischen Defekten oder einem Virenbefall**. Ein Cloud-Backup erscheint da als sehr gute Lösung, doch die bringt Nachteile für die Nachhaltigkeit mit sich.

Cloud-Speicherplatz, z.B. bei Dropbox, OneDrive, Google Drive oder iCloud, ist bis zu einem bestimmten Volumen kostenlos und sehr bequem: Die Sicherung passiert automatisch, eine Wiederherstellung ist schnell gemacht. Außerdem kommst du von überall an deine Daten. Der Preis dafür: **Du unterstützt den extrem energieintensiven Betrieb von Rechenzentren,** und das bekommt das Klima zu spüren.

Eine Alternative ist das regelmäßige Speichern deiner Daten auf einer externen USB-Festplatte. Die braucht nur dann Strom, wenn du sie einsteckst. Außerdem ermöglicht sie nicht nur die Sicherung der Daten, sondern auch des kompletten Betriebssystems mit allen Anwendungen und Einstellungen.

Übrigens:

In der Cloud sind **derzeit schätzungsweise 1 Brd. GB gespeichert.** Dafür braucht man über 80 Mio. Festplatten! Und die wiederum brauchen Platz, Strom, Kühlung und Internet-Bandbreite. Das ist ein teurer Spaß und wenig nachhaltig.

17

LEBENSVERLÄNGERUNG FÜR DEN PC I

Die beste Hardware hilft nicht weiter, wenn dein System **durch jahre-lange Nutzung total zugemüllt** ist, von zweifelhaften Virenscannern gebremst wird und ein veraltetes Betriebssystem nutzt. Auch hier ist regelmäßiges Aufräumen der Schlüssel zum Glück.

Beginne damit, **unnötige Software und Apps zu deinstal-lieren,** Autostart-Programme und -Dienste zu hinterfragen, alle Updates zu installieren und eventuelle Virenscanner zu ersetzen. Worauf du auf jeden Fall verzichten kannst, sind diverse Windows-Optimierer, Registry-Cleaner und sonstige Wundermittel: Sie versprechen viel und bringen kaum etwas.

Wenn du dann immer noch vor unerklärlichen Fehlern und lahmen Anwendungen sitzt, bleibt nur noch eine komplette Neuinstallation.

Bei der Gelegenheit kannst du auch gleich **ein modernes Betriebssystem wählen,** besonders einsteigerfreundlich sind z.B. Windows 10, Ubuntu und Linux Mint.

Übrigens:

Für normale Zwecke wie Browser, Textver-arbeitung, E-Mails und Fotobetrachter sind **auch die Prozessoren in älteren Notebooks und PCs schnell genug.** Wenn etwas nicht flott reagiert, kannst du immer an zwei Stellschrauben drehen: neue und schnellere Hardware kaufen oder bessere und genüg-samere Software verwenden.

LEBENSVERLÄNGERUNG FÜR DEN PC II

PC und auch Laptop sind **leichter aufzurüsten und zu reparieren, als man denkt.** Wenn man die Schwachstellen der Hardware erkennt und gezielt behebt, kann man den teuren Neukauf noch ein paar Jahre hinausschieben. Fast alles kannst du mit entsprechender Video-Anleitung selbst machen und lernst dabei sogar noch etwas dazu. Und wenn du dich mal nicht traust oder den Fehler nicht findest, hilft der nächste Computerladen gerne weiter. Vor der Arbeit solltest du zwei Sicherheitshinweise berücksichtigen: Mache eine Datensicherung und ziehe das Stromkabel ab oder nimm den Akku heraus.

Relativ einfach zu tauschen sind der Hauptspeicher (RAM) und die PC-Grafikkarte. Auch ein Akku im Laptop lässt sich leicht wechseln, oft muss dazu nur das Gehäuse aufgeschraubt werden. Etwas anspruchsvoller ist der Tausch von lauten Lüftern im PC. **Um Gehäuse- und Prozessorlüfter kannst du dich selbst kümmern,** um den Netzteillüfter nicht. Das Netzteil muss komplett getauscht werden, wenn es zu viel Lärm macht.

Noch schwieriger wird es beim **Tausch der Festplatte.** Der Einbau ist zwar leicht, aber der Transfer von Betriebssystem und Daten auf die neue Platte ist anspruchsvoll. Das musst du gut planen und eventuell einen zweiten PC zu Hilfe nehmen. Etwas leichter wird es, wenn du nichts übernehmen willst und das Betriebssystem komplett neu installierst. Die Königs-

disziplin ist der Tausch des Prozessors im PC. Dafür sind meist auch ein neues Mainboard und ein neuer Hauptspeicher nötig – und das lohnt sich leider kaum.

Übrigens:

Eine SSD (Solid State Drive) ist heutzutage unverzichtbar für jeden Computer. Falls dein Modell noch eine veraltete mechanische HDD (Hard Disk Drive) hat, solltest du unbedingt aufrüsten: Die gefühlte Geschwindigkeit ist enorm, die Zugriffszeiten sind hundertfach besser, Betriebssystem und Anwendungen starten viel schneller.

19

SCHALL UND RAUCH SOLLTEN NICHT SEIN

Wenn der Computer mit der Zeit lauter läuft und heißer wird, als du es von ihm gewohnt bist, ist klar, was passiert ist: Die Hitze des Prozessors wird nicht mehr richtig vom Kühlsystem und den Lüftern an die Umgebungsluft abgegeben. Doch wie kannst du **das gute Stück retten?**

Die erste Maßnahme sollte immer sein, **den Lüfter vorsichtig mit Druckluft zu reinigen.** Wenn das nichts bringt, liegt es nahe, dass die Wärmeleitpaste ausgetrocknet ist und ihre Funktion verloren hat.

Im letzteren Fall muss das Notebook **für eine Reparatur komplett zerlegt werden;** beim PC reicht der Ausbau des Mainboard. Trenne dann sehr vorsichtig den Kühler vom Prozessor, entferne die krümeligen Reste des alten Wärmeleitpads bzw. der Paste und trage einen kleinen Klecks neuer Paste auf. Klingt kompliziert, und ist es ehrlich gesagt auch. Wenn du es dir nicht zutraust, lass es am besten von einem Fachmann machen.

Übrigens:

Die Preisunterschiede bei Wärmeleitpaste sind enorm, doch nicht immer ist ein exorbitant hoher Preis auch eine Garantie dafür, dass die Paste länger ihren Job macht. Eine Tube für 2–5 € ist ausreichend, mehr musst du nicht investieren.

SPAR-DRUCK

Ein eigener Drucker ist schön bequem und **kostet ja auch nicht die Welt.** Obwohl, bist du dir da sicher? Je nachdem, wie lange der Drucker hält, welche Art von Tinte oder Toner du kaufst, wie oft du druckst und wie voll die Seiten sind, ergeben sich sehr unterschiedliche Preise pro Seite: Zwischen 3 und 40 Cent ist alles möglich. Die meisten Haushalte landen bei 10–20 Cent pro Seite.

Sparen kannst du, indem du wirklich nur wichtige Dinge druckst. Und vor allem, indem du kein eigenes Gerät anschaffst: **Spezialisierte Anbieter sind immer qualitativ besser,** günstiger und nachhaltiger als ein Allround-Drucker zuhause. Im Copyshop bezahlt man meist 5–10 Cent pro Seite und hat sehr viele Leistungen zur Auswahl. Farbe oder Schwarzweiß? A4, A3 oder noch größer? Bindung, Heftung, Stapelschnitt, Spezialpapier? Alles kein Problem. Auch in vielen Bibliotheken kann man gegen eine geringe Gebühr drucken.

Fotos lässt du am besten bei Fotodienstleistern im Internet oder bei Drogeriemärkten in deiner Nähe entwickeln.

Übrigens:

Wer weniger als 200 Seiten pro Jahr druckt, ist nach einer Berechnung des Freiburger Öko-Instituts im Copyshop am besten aufgehoben. Doch auch Vieldrucker können profitieren: dank niedriger Seitenpreise für Großaufträge.

DAS DRUCK-MITTEL DEINER WAHL

Wenn es wirklich ein eigener Drucker für Zuhause sein soll, sollte man kurz darüber nachdenken, **ob ein Tintenstrahl- oder ein Laserdrucker sinnvoller ist und ob du Farbdruck benötigst.** Alle Varianten haben ihre Vor- und Nachteile, je nach Verwendungszweck.

Laserdrucker sind zwar teurer in der Anschaffung, sie halten aber meist auch deutlich länger. **Wenn du nur sehr selten druckst,** ist diese Art Drucker empfehlenswerter, weil keine Tinte eintrocknen kann oder ständig Tinte für Reinigungsvorgänge verbraucht wird. Außerdem kann man einen Laserdrucker vollständig ausschalten, z.B. über eine Steckdosenleiste.

Bei einem Tintenstrahldrucker solltest du **häufiges Ausschalten über die Steckdose unbedingt vermeiden,** weil er nur im Stand-by-Modus halbwegs gut auf das Eintrocknen der Tinte aufpasst. Und bei jedem Wiedereinschalten startet der Drucker dann eine teure Intensivreinigung, weil er denkt, er war lange aus.

Die Möglichkeit des Farbdrucks ist außerdem ein großer Preistreiber, sowohl beim Gerätekauf als auch beim Verbrauchsmaterial: **Ein Drucker, der nur Schwarz kann, ist günstiger** und reicht für Hausaufgaben, Projektarbeiten, Behördenbriefe usw. völlig aus.

Übrigens:

In Deutschland werden jedes Jahr ca. 3,9 Mio. Drucker verkauft. Das entspricht ungefähr 11.700 t, dem Gewicht von 14 kompletten ICE-Zügen! Viele Geräte enden viel zu früh als Elektroschrott, weil sie **nicht bedarfsgerecht gekauft und verwendet** wurden.

SPIEL WAS ALTES!

Die Regel „Neu ist immer besser" gilt beim Thema Videospiele definitiv nicht. Der Spielspaß hängt kaum vom Alter der Spiele und der Leistungsfähigkeit der Hardware ab. Die letzten 30 Jahre haben einige **Klassiker und Plattformen** hervorgebracht, die auch heute noch viel Spaß machen.

Auch alte Konsolen sind nicht zu verachten: Sie sind günstig gebraucht erhältlich und brauchen wenig Strom. Wer eine alte nutzt, **erspart der Umwelt die Produktion einer neuen Konsole.** Keine Idee, was du als nächstes ausprobieren könntest? Dann findest du hier eine Liste der erfolgreichsten Spiele aller Zeiten – da ist sicher was dabei!

- Playstation: Gran Turismo 1 & 2, Final Fantasy VII & VIII, Crash Bandicoot 2, Tekken 3

Übrigens:

Diesen Retro-Trend haben viele Hersteller ebenfalls erkannt: Sie bieten **günstige Neuauflagen der alten Konsolen,** mit modernem HDMI-Anschluss und zahlreichen vorinstallierten Top-Titeln. Allerdings fällt hierbei der Vorteil, dass keine neuen Geräte produziert werden müssen, natürlich weg …

- Playstation 2: GTA San Andreas, GTA Vice City, Gran Turismo 3 & 4, Kingdom Hearts

- Playstation 3: GTA V, die Call-of-Duty-Serie, Gran Turismo 5, FIFA 13

- Playstation Portable: Lumines 2, Metal Gear Solid, Loco Roco 2, God of War

- Nintendo DS: New Super Mario Bros., Nintendogs, Mario Kart DS, die Pokémon-Serie

- Nintendo GameCube: Mario Kart Double Dash, Metroid Prime, Resident Evil 4

- Nintendo N64: Bomberman 64, Golden Eye 007, Legend of Zelda: Ocarina of Time

- Nintendo Wii: Wii Sports, Mario Kart Wii, Super Mario Galaxy, Super Smash Bros. Brawl

- Sega Mega Drive: Sonic 2, Streets of Rage II, Golden Axe, Earthworm Jim

- Super Nintendo: Street Fighter II, Super Mario World, F-Zero, Super Metroid

- Xbox: Halo 2, Elder Scrolls III, Fable, Need for Speed Underground 2

- Xbox 360: Kinect Adventures, GTA V, die Call-of-Duty-Serie, Halo 3

23

SPIELEN JA, STROM VERSCHWENDEN NEIN

Übrigens:

Das Spielerlebnis und die Spieleauswahl sind mit den leistungsfähigen Konsolen ganz anders als mit Tablet oder Smartphone, keine Frage. Aber **Stand-by muss so gut wie nie sein.** Mit dem richtigen Abschalten der Konsole sparst du 70–130 kWh pro Jahr ein, das würde ausreichen, um 70 bis 130 Pizzen im Backofen zuzubereiten!

Bei der aktuellen Konsolengeneration ist die Online-Fähigkeit leider schon fast zum Online-Zwang geworden. **Ständige riesengroße Updates für System und Spiele** sind die Folge.

Um die Spieler nicht allzu sehr zu nerven, können die Konsolen die meisten Updates im Hintergrund erledigen, wenn sie eigentlich ausgeschaltet sein sollten, also im Stand-by-Modus. Das ist dann aber kaum noch als „Stand-by" zu bezeichnen und **verbraucht sehr viel Strom,** bei den gängigsten Konsolen 5–15 W.

Wenn du also schnelles Internet und etwas Geduld hast, verzichte bitte dauerhaft auf diese Funktionen und **spiele die Updates ein, wenn das Gerät ohnehin läuft.** Wenn du unter langsamem Internet leidest und sonst gar nicht zum Spielen kommst, schalte die Hintergrund-Updates nur gezielt ein, etwa am Abend vor einem geplanten Spieleabend.

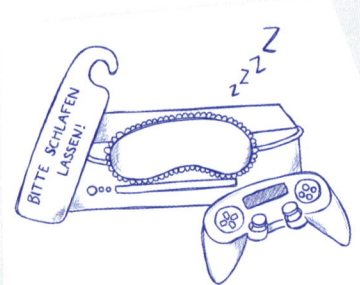

GANZ SCHÖN SMART, DER ALTE!

Ein Smart-TV ist ja schon eine feine Sache. Man kann damit ganz normal fernsehen, erhält aber auch **Zugriff auf Mediatheken, Online-Videoportale und die großen Streaming-Dienste.** Aber was machst du, wenn dein Fernseher dafür zu alt ist, oder wenn die Hersteller mal wieder bei nötigen Updates gespart haben und jetzt wichtige Dienste fehlen?

Ein neuer Fernseher wäre zwar eine Möglichkeit, kostet aber viel Geld und **verbraucht viele Ressourcen.** Außerdem steht man nach ein paar Jahren wieder genauso da wie zuvor, weil irgendwas nicht geht oder neue Funktionen benötigt werden.

Nutze den alten Fernseher doch lieber **als „Monitor" für ein smartes Abspielgerät:** Mit einem Streaming-Player machst du dich unabhängig vom TV-Hersteller, hauchst dem Fernseher neues Leben ein und kannst selbst entscheiden, welche Inhalte dir wichtig sind. Die gängigen Player sind sehr günstig, sie werden entweder als kleine Box oder als Stick angeboten, haben eine gute Benutzeroberfläche, werden lange mit Updates versorgt und sind oft die beste Option für exklusive Inhalte.

Übrigens:
So mancher Streaming-Player kann **mit zusätzlicher Media-Player-Software versehen** werden und spielt dann auch Dateien von USB-Stick, Festplatte oder Netzwerk-PC ab. Das ist der wohl bequemste Weg, deine Musik- und Videosammlung auf dem großen Fernseher zu genießen.

25

(NEVER) STOP
STREAMING

Musik und Filme können wir heute auf ganz unterschiedliche Arten genießen: ganz klassisch über einen Datenträger wie CD, DVD oder BluRay, per dauerhaftem Download auf dem eigenen Gerät, als einmaliges Streaming ohne Abspeichern oder über das gute alte Radio- und Fernsehprogramm. Ökologisch betrachtet hat **jede dieser Arten ihre Problematik:** Datenträger verursachen (Plastik-)Müll, digitale Angebote verursachen Transfervolumen und Stromverbrauch.

Was für einen selbst das Beste ist, lässt sich daher nicht pauschal sagen; **es kommt auf das eigene Nutzungsverhalten an.** Wenn man immer wieder dieselbe Musik hören möchte, ist der klassische Datenträger oder der Download das Effizienteste. Streaming bietet sich immer dann an, wenn es darum geht, Neues zu entdecken, aber das dann nicht unbedingt jederzeit und überall abrufbereit zu haben (also beispielsweise ohne Internetempfang). Musik benötigt relativ wenig Bandbreite, ganz anders ist das bei Filmen: Das Streaming von Videoinhalten macht mittlerweile mehr als die Hälfte des weltweiten Datentransfers im Internet aus.

Maßvoller Konsum ist also – wie immer – die beste Wahl. Folge diesen Prinzipien:

- Sei wählerisch und schaue nur, was du wirklich schauen willst.

- Höre Musik nicht auf YouTube: Dort wird immer das Video mit abgespielt, und das frisst richtig viel Strom.

- Nutze zum Streamen kleinere Bildschirme, z. B. Notebook oder Tablet, statt des großen Fernsehers.

- Schaut gemeinsam, dann laufen nicht parallel viele Übertragungen.

- Ziehe Nachrichten und Artikel in Textform den Videoversionen vor.

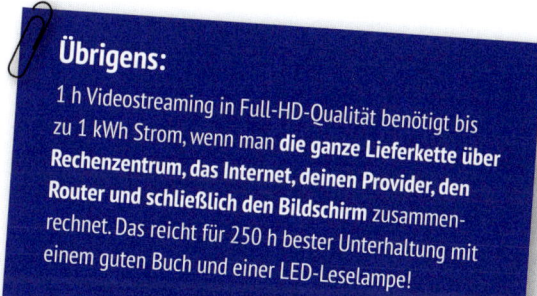

Übrigens:

1 h Videostreaming in Full-HD-Qualität benötigt bis zu 1 kWh Strom, wenn man **die ganze Lieferkette über Rechenzentrum, das Internet, deinen Provider, den Router und schließlich den Bildschirm** zusammenrechnet. Das reicht für 250 h bester Unterhaltung mit einem guten Buch und einer LED-Leselampe!

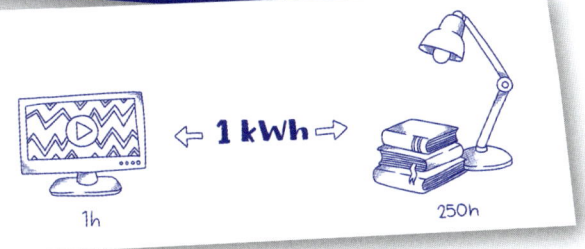

1h ⇐ **1 kWh** ⇒ 250h

BEDIENEN LASSEN ODER SELBER LAUFEN?

So gut wie jedes Smartphone oder Notebook hat einen Sprach-assistenten: eine Software mit Cloud-basierter Spracherkennung, mit der man das Gerät direkt ansprechen und steuern kann. Der sogenannte Smart Speaker ist die Weiterentwicklung davon – ein **Sprachassistent, der in einen Lautsprecher integriert ist** und immer im Hintergrund mitläuft – und schon heute in sehr vielen deutschen Wohnzimmern zuhause.

Was machen die Leute eigentlich damit?

· Musik hören: 73% – das war der ursprünglich geplante Verwendungszweck

· Licht, Rollläden oder Heizung steuern: 69%

· Verkehrsnachrichten, Sportergebnisse oder Öffi-Abfahrtszeiten abrufen: 35%

· Suchmaschinen und Wetterdienste nutzen oder sich ein Taxi bestellen: 25%

· Kalender pflegen: 20%

Zumindest bezüglich des Klimas können wir bei all diesen Aktivitäten einigermaßen beruhigt sein: Die Smart Speaker sind zwar immer an und bei Bedarf auch online, aber der Stromverbrauch im Bereitschaftsmodus ist überraschend gering. Geräte ohne Display benötigen nur 10–20 kWh pro Jahr, das ist vorbildlich. Bedenke aber, dass du einen **Großteil des gesamten Energieverbrauchs gar nicht siehst, weil er im Internet und im Rechenzentrum passiert.** Und mal ehrlich: Wem hat es je geschadet, selbst vom Sofa aufzustehen, um das Licht anzumachen?

Übrigens:

Man findet zwar eine große Gerätevielfalt vor, muss sich aber letztendlich für eines von nur drei Systemen entscheiden: Google, Amazon oder Apple. Und da **scheiden sich spätestens beim Thema Datenschutz die Geister.** Alle diese Anbieter kommen aus den USA und haben sich bisher nicht immer ganz vorbildlich verhalten. Klar, du hast vielleicht nichts zu verbergen, aber eine echte Kontrolle über deine Daten hast du eben auch nicht mehr.

WIE LIEST DU AM LIEBSTEN?

Dieser Showdown ist echt spannend: Technik des 21. Jahrhunderts gegen eines der wichtigsten Kulturgüter der Moderne. **Was ist wohl umweltfreundlicher, das E-Book oder das gedruckte Buch?**

Schauen wir zuerst auf den Ressourcenverbrauch: Ein E-Book-Reader **benötigt zur Herstellung wertvolle Rohstoffe** und erzeugt dabei ca. 30 kg CO_2. Nach einigen Jahren wandert er in den Elektroschrott. Ein Buch derweil benötigt Zellstoff, also Papier, und lässt sich mit durchschnittlich 1 kg CO_2 herstellen. Am Ende seines Lebens kann es dem Recycling zugeführt werden.

Beim Lesen braucht man für ein E-Book Strom, sowohl für den Reader als auch für den Download der Inhalte. Zum Glück ist der Verbrauch dafür sehr niedrig. Das Buch funktioniert ohne Strom, aber man muss es irgendwie bekommen, sei es per Post, bei einem Einkauf im Laden oder durch einen Besuch in der Bücherei, und auch dafür muss Energie eingesetzt werden.

Übrigens:

Ab ca. 20 Büchern pro Jahr ist das E-Book samt passendem Reader sowohl **günstiger als auch ökologisch verträglicher.** Im Jahr 2019 lag der Anteil der E-Books am deutschen Buchmarkt übrigens erst bei 5%, da ist also noch viel Luft nach oben.

Bei den Anschaffungskosten kommt es auf die **Menge der Bücher pro Jahr** an: Der Reader hat einen einmaligen Anschaffungspreis, aber E-Books sind auch fast immer etwas günstiger als normale Bücher, damit kann man den Reader quasi wieder reinholen. Dafür kann man physische Bücher weiterverkaufen und sich so ein wenig Geld zurückholen.

Letztendlich kommt es also auf die persönlichen Vorlieben beim Lesen an. Wer sein Buch schon mal versehentlich in der Badewanne eintaucht oder in der Bahn liegen lässt, bleibt besser bei der Papierversion. Wer auf wenig Gewicht, viele Bücher gleichzeitig sowie eine sehr bequeme Beschaffung steht, präferiert wohl das E-Book.

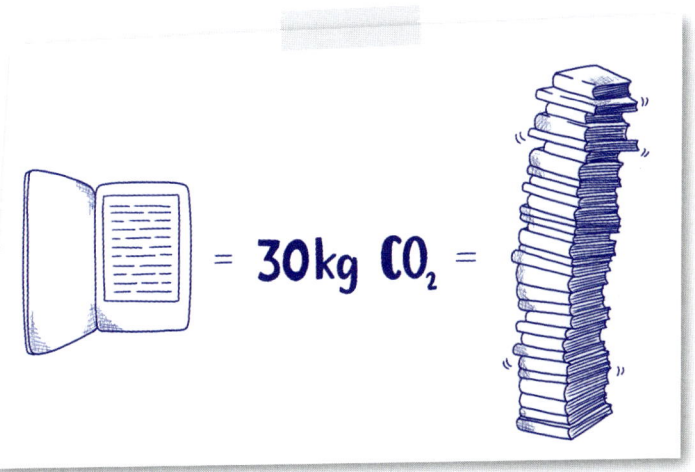

$= 30 \text{kg } CO_2 =$

28

MIT DIGITALEN TICKETS WÄLDER RETTEN

Wenn man Tickets für Veranstaltungen und Dienstleistungen online erwirbt, werden sie meist per E-Mail oder App geliefert. Dieser Verzicht auf ein ausgedrucktes Ticket, das per Post zugesandt wird, **spart dir und dem Verkäufer Zeit, Geld und Papier**.

Und auch du kannst dir das Ausdrucken der E-Mail, des PDFs oder des Barcode getrost sparen: **Es reicht, das Ticket im Smartphone abrufbereit zu halten.** Doch das gilt leider nicht immer: Flugreisen sind eine Ausnahme. Einige Flughäfen haben Sicherheitskontrollen, die keine elektronischen Tickets akzeptieren, und Billigflieger ändern gerne mal ihre Bestimmungen, um mit Zusatzgebühren beim Check-In abzukassieren. Hier solltest du also lieber einen Ausdruck dabei haben.

Übrigens:
Bahnfahrer haben im Jahr 2019 **durch die Nutzung des Handytickets mehr als 220 t Papier eingespart.** Für die Produktion dieser Papiermenge würden sonst ungefähr 600 große Tannenbäume, 9 Mio. l Wasser und 1,8 Mio. kWh Strom benötigt!

Alle anderen Tickets wie für Bahn, Bus, Kino, Konzert, Theater, Sportveranstaltung usw. funktionieren zum Glück **wirklich ganz ohne Papier.** Wenn du auf Nummer sicher gehen willst, benutze möglichst die eigene App des Anbieters, frage im Vorfeld dort nach und lies das Kleingedruckte.

29

AUFLADEN SCHLÄGT NACHKAUFEN

Die meisten neu gekauften elektronischen Geräte werden mit passenden Batterien geliefert. Doch irgendwann sind diese leer, müssen **mühsam und umweltgerecht entsorgt sowie teuer nachgekauft** werden. Akkus sind dann oft die bessere Wahl.

Akkus kosten in der Anschaffung ungefähr das Fünf- bis Sechsfache einer normalen Batterie, sie lohnen sich also immer dann, wenn du innerhalb einer gewissen Zeit fünf- bis sechsmal die Batterie wechseln musstest. **Akkus haben eine gewisse Selbstentladung,** für Geräte wie Rauchmelder oder Notfall-Taschenlampen darf man sie daher nicht verwenden.

Außerdem wird ein gutes Ladegerät benötigt. Alte Fundstücke vom Flohmarkt sind leider keine gute Idee, damit werden moderne Akkus oft falsch geladen und beschädigt. Achte beim Kauf des Ladegeräts auf **intelligente Einzelladung, Ladestrombegrenzung und automatische Abschaltung.** Schnelllader sind nicht zu empfehlen, oft werden die Akkus darin zu heiß.

(NICHT IMMER) VOLLE LADUNG!

Wer beim Aufladen von Akkus an den berüchtigten Memory-Effekt denkt, kann sich zum Glück entspannt zurücklehnen. Den gibt es nur bei veralteten Nickel-Cadmium-Akkus, moderne Typen sind davon nicht betroffen. **Diverse Faktoren sorgen dafür, dass Akkus mit der Zeit an Leistung verlieren,** doch mit den richtigen Tipps kannst du das lange hinauszögern.

Heutzutage findet man praktisch **nur zwei Arten von Akkus im Haushalt,** und jede will anders behandelt werden:

Nickel-Metallhydrid (NiMH): Aus diesem Typ bestehen Akkus in den gängigen Formen für Gerätebatterien, z.B. AA, Micro, LR6, 9V-Block. Diese Akkus passen z.B. in Taschenlampen, Spielzeug, Nachtlichter, Fernbedienungen usw. und können dort die Einwegbatterien ersetzen. NiMH-Akkus entladen sich mit der Zeit von selbst, auch wenn sie gar nichts zu tun haben. Sie müssen unbedingt alle 6–8 Monate aufgeladen werden, sonst gehen sie kaputt. Ansonsten sind sie recht robust und können bedenkenlos jedes Mal voll aufgeladen werden.

Lithium-Ionen (Li-Ion, LiPo): Diese Hochleistungsakkus findet man in praktisch allen Handys und Smartphones, Notebooks und vielen Digitalkameras. Li-Ion-Akkus mögen es nicht, wenn man sie komplett bis 0% entlädt und auch komplett wieder auf 100% auflädt. Außerdem schadet es ihnen, wenn sie zu heiß werden, z.B. beim Schnellladen oder wenn sie in der Sonne liegen. Eine direkt im Akku eingebaute Ladeelektronik schützt übrigens vor Tiefenentladung und vor Überladung.

Übrigens:

Am besten hält man den **Akkustand des Handys stets zwischen 20% und 80%.** Wenn du unbedingt vor einem langen Tag die vollen 100% benötigst, solltest du nach dem Laden das Ladekabel abziehen. Falls du tagsüber die Chance dazu hast, sind aber mehrere kurze Ladevorgänge deutlich besser für die Akku-Lebensdauer.

RECHENAUFGABE MIT SINN

Überall ist die Rede von Kilowattstunden, aber was ist das eigentlich? Die Abkürzung kWh sieht man sogar noch öfter, z.B. auf der Stromrechnung. Sie ist die **Maßeinheit für den Verbrauch elektrischer Energie** und lässt sich ganz leicht berechnen.

Du brauchst dafür nur die folgende **Formel**:

Leistung (in W) × Zeit (in h) = Wattstunden (Wh)

Ergebnis ÷ 1000 = Kilowattstunden (kWh)

Drei Beispiele:

· Küchenradio: 15 Watt × 8 Stunden = 120 Wh

  120 Wh ÷ 1000 = 0,12 kWh

· Föhn: 1800 Watt × 0,05 Stunden (3 Min.) = 90 Wh

  90 Wh ÷ 1000 = 0,09 kWh

· Fernseher im Stand-by: 2 Watt × 8760 Stunden (365 Tage) = 17.520 W

  17.520 Wh ÷ 1000 ≈ 17,5 kWh

Hoppla?! Der Föhn hat zwar mit 1800 W am meisten Leistung, aber er läuft auch nur so kurz, dass er insgesamt wenig Strom verbraucht. Ganz anders sieht's beim Fernseher aus, die **lange Zeit im Leerlauf** schlägt hier gnadenlos zu.

Und was kostet der Spaß jetzt? Im Jahr 2020 lag der durchschnittliche Strompreis in Deutschland laut Bundesverband der Energie- und Wasserwirtschaft (BDEW) bei 31,73 Cent/kWh. Ein normaler **3-Personen-Haushalt verbraucht ungefähr 2000 – 3500 kWh pro Jahr.** Wenn du weißt, wie man das alles berechnet, dann fällt es auch leichter zu entscheiden, worauf du verzichten und somit sparen kannst.

Übrigens:

Wenn du dir das nicht merken möchtest und mit den physikalischen Gleichungen leicht durcheinanderkommst, dann merke dir wenigstens **diese Faustformel:** Geräte, die immer eingeschaltet sind, z.B. im Stand-by, kosten für jedes einzelne Watt jährlich bis zu 3 €.

MISS DOCH MAL!

Es ist gar nicht so einfach, **die großen und kleinen Stromfresser im Haushalt zu finden** und zu bekämpfen. Die Typenschilder am Gerät helfen kaum, Stand-by-Verbrauch sieht man nicht und manche Geräte weisen über längere Zeit schwankende Werte auf. Am besten ziehst du darum einen Stromzähler zu Rate, auch Leistungsmesser oder Wattmeter genannt.

Übrigens:

Das Umweltbundesamt und die No-Energy-Stiftung haben **an öffentliche Bibliotheken 1.200 „Energiesparkisten" verteilt,** die man kostenlos ausleihen kann. Darin enthalten sind ein Messgerät („Energiekostenmonitor") sowie eine ausführliche Anleitung zum Entdecken von Einsparmöglichkeiten. Hier geht's zu deiner Kiste: www.energiekostenmonitor.de

Die kleine Box erlaubt spannende Experimente! Sie wird zwischen Steckdose und Gerät gesteckt und **zeigt sekundengenau an, wieviel elektrische Leistung (W) gerade verbraucht wird.** Viele Geräte haben mehrere Zustände wie z.B. ausgeschaltet, Stand-by, eingeschaltet mit wenig Last, eingeschaltet mit hoher Last, und in all diesen Zuständen kann der Verbrauch gemessen werden.

Sehr aufschlussreich und auch leicht zu messen sind Dinge wie Radiowecker, Tisch- und Stehlampe, Handyladegerät,

PC, Notebook und Spielkonsole. Kühl- und Gefrierschrank, Waschmaschine und der Fernseher sind dagegen nicht so einfach zu messen: Ihr Verbrauch ist nicht gleichmäßig, hier muss man also über längere Zeit die Summe bilden. Die meisten Leistungsmesser können das und zeigen dafür nicht nur den Momentanwert in W an, sondern **auch den Verbrauch in kWh.**

Nachdem du alles gemessen hast, kannst du **entsprechend handeln:** Abschaltbare Steckdosenleisten helfen gegen Stand-by, unnötige Funktionen kannst du deaktivieren, veraltete oder defekte Geräte mit hohem Verbrauch sollten bald ersetzt werden.

33

UND WIE SMART IST DEIN HOME?

Die Smart-Home-Technik hat langfristig das Ziel, unsere Wohn- und Lebensqualität zu verbessern, technische Abläufe zu automatisieren und Energie effizienter zu nutzen. **Klingt super, auch fürs Klima**, doch davon sind wir aktuell leider noch weit entfernt.

Einzelprodukte wie vernetzte Lichtschalter, Heizungssteuerung, Jalousien, Türschloss und Kamera sind nette Spielereien und manchmal auch schön bequem, aber sie **helfen in der Regel nicht beim Energiesparen im Haushalt.** Nichts schlägt das Gebot: Licht und Heizung aus, wenn man den Raum verlässt. Viel mehr tun die schlauen Geräte auch nicht, aber sie verbrauchen dafür Strom und erzeugen früher oder später Elektroschrott. Leider oft schon früher als später, denn viele Hersteller fallen durch Sicherheitslücken und schon nach kurzer Zeit eingestellte Produktlinien unangenehm auf.

Natürlich gibt es elektronische Helfer, die sinnvoll sind, etwa weil sie dir ein gutes Gefühl vermitteln. Dazu gehören Produkte wie Rauchmelder, Wassersensoren und Alarmanlagen. Aber erst, wenn es gelingt, Heizung, Fenster, Belüftung, Beleuchtung und Anwesenheitsprüfung wirklich **intelligent zu koppeln bei möglichst geringem Material- und Finanzeinsatz,** spart ein Smart Home Energie ein.

Übrigens:

Für das Thema Smart Home wurden im Jahr 2020 in Deutschland ungefähr 2,5 Mrd. € ausgegeben. Bleibt zu hoffen, dass dieses Geld hilft, die **beim Heizen jährlich freiwerdenden 110 Mio. t CO_2** dauerhaft zu reduzieren!

34

SO PUTZT MAN HEUTE

Die elektrische Zahnbürste putzt **bei richtiger Anwendung deutlich gründlicher als eine Handzahnbürste**. Das ist ein sehr gutes Argument, warum du nicht darauf verzichten solltest. Doch wie sieht es mit Stromverbrauch und Plastikmüll aus, sprechen diese Punkte gegen ihre Nutzung?

In der Herstellung schneidet die Elektrische natürlich schlecht ab: **Motor, Akku, Ladeschale, da kommt einiges an Ressourcen zusammen.** Du solltest das Gerät also – wie eigentlich alle Produkte – möglichst lange nutzen, damit sich dieser Aufwand lohnt. Müll fällt normalerweise etwas weniger an, weil man immer nur neue Bürstenköpfe braucht, keine ganzen Zahnbürsten. Allerdings ist die Handzahnbürste mittlerweile auch komplett plastikfrei erhältlich.

Der Strom im Betrieb ist anschließend das geringste Problem (wobei die manuelle Bürste im Gegensatz dazu

Übrigens:

Der Preis der Bürste hat keinen Einfluss auf ihre Nachhaltigkeit und nur wenig Einfluss auf ihre Putzleistung. **Es spricht also nichts gegen ein günstiges Modell.** Und auch bei den Bürstenköpfen gibt es fast immer günstige Alternativen zu denen des Herstellers.

natürlich ganz ohne Strom auskommt). Kein einziger Hersteller macht Angaben dazu, aber aus den Daten von Akku, Ladeschale und Laufzeit kann man eine gute Schätzung erstellen: Die elektrische Zahnbürste verbraucht weniger als 1 kWh pro Jahr. **Eine Gefahr besteht wie üblich im Stand-by-Betrieb.** Lade die Zahnbürste darum nur dann, wenn sie fast leer ist, und ziehe die Ladeschale ansonsten immer aus der Steckdose.

STROM VERHEIZEN? NEIN, DANKE!

Strom ist ein kostbares Gut, weil er ungeheuer praktisch und universell einsetzbar ist. Man kann ihn für kleine und große Maschinen nutzen, für Licht, Kühlung, Unterhaltung und **dummerweise auch zum Heizen**. Dummerweise, weil er da total fehl am Platz ist.

Alle anderen Energieträger sind besser für die Erzeugung von warmer Luft und warmem Wasser geeignet und dabei auch noch günstiger und umweltfreundlicher. Der Heizlüfter, der an einem einzelnen Wintertag in der Garage läuft, ist nicht das Problem. Aber der elektrisch betriebene Boiler oder der Durchlauferhitzer, der **jederzeit heißes Wasser für die Küche, das Gästewaschbecken oder die Dusche** bereitstellt, ist ein wahrer Übeltäter: Er verbraucht extrem viel Strom und kostet vier Mal mehr als ein Gerät mit Gasbrenner.

Ein Durchlauferhitzer ist zum Glück nicht dauerhaft in Betrieb, das macht es etwas besser. Anders ist es beim Boiler: Der integrierte Warmwasserspeicher **braucht ständig Strom, egal ob man Wasser entnimmt oder nicht.** Das liegt am schleichenden Wärmeverlust, und der ist umso größer, je heißer das Wasser ist. Und das sind die eigentlich logischen Konsequenzen:

- Stelle die Zieltemperatur so niedrig ein wie möglich. Lauwarmes Wasser reicht zum Händewaschen völlig aus.

- Schalte den Boiler immer komplett ab, sobald du auch nur einen Tag lang nicht zu Hause bist. Der Energiebedarf zum erneuten Aufheizen ist immer niedriger als der für eine konstant gehaltene Temperatur. Ein geschickt verlegter Schalter oder eine (schaltbare) Steckdosenleiste hilft dabei.

Übrigens:

Mehr als ein Viertel der jährlichen Stromrechnung geht zu Lasten der Warmwasserbereitung, wenn man keine andere Energieform nutzt. In typischen Einfamilienhäusern kommen so rund 1000 kWh pro Jahr zusammen. Das entspricht im deutschen Strom-Mix einem CO_2-Ausstoß von 401 kg – das ist so viel wie für 3100 km mit einem sparsamen Benzinauto!

36

ENERGIEEFFIZIENZ VON A BIS G

Der Stromverbrauch im Haushalt kommt zum überwiegenden Teil aus Geräten, die still und heimlich über viele Jahre ihren Dienst tun: Kühl- und Gefrierschrank, Waschmaschine, Trockner, Herd, Backofen und Geschirrspüler verursachen **über die Hälfte des Gesamtstrombedarfs.** Hier lohnt es sich also am meisten, schon beim Kauf auf Effizienz zu achten.

Die größte Orientierungshilfe ist dabei das **EU-Energielabel mit seinen verschiedenen Klassen.** A+++ ist derzeit am besten, G ist am schlechtesten. Das Label gibt es nicht nur für oben genannte Großgeräte, sondern auch etwa für Heizungen, Fernseher, Lampen und sogar für Autos. Neben dem Stromverbrauch findest du auf diesem Label auch noch weitere wichtige Informationen zum jeweiligen Gerät wie Wasserverbrauch, Geräuschentwicklung, Füllmenge, Größe oder CO_2-Belastung. Diese Faktoren haben zwar meist keinen Einfluss auf die Einstufung, aber auf die Nutzungskosten und die gewünschte Verwendung. Dass nun mit Pluszeichen klassifiziert wird statt mit einfachen Buchstaben, liegt nur daran, dass die Buchstaben nicht mehr ausgereicht haben. Lass dich davon nicht verwirren: Der Schritt von A++ auf A+++ hört sich klein an, ist aber fast genauso groß wie der Schritt von C auf B.

Es gibt auch noch andere Kennzeichnungen und Logos, doch bevor man sich auf diese verlässt, sollte man sich **genau die Kriterien ansehen, nach denen klassifiziert und ausgezeichnet wird,** und wie intensiv die Einhaltung der Kriterien überprüft werden: Hier gibt es große Unterschiede.

Übrigens:

Der Anschaffungspreis eines Kühlschranks macht nur einen Teil seiner Gesamtkosten aus. Ein großer Kühl-Gefrierschrank der Klasse A+ verbraucht im Vergleich zu einem der Klasse A+++ über 1/3 mehr Strom. Kühlgeräte, die nur Klasse A oder gar noch weniger haben, solltest du ersetzen: **Ein effizienteres Neugerät macht sich schon nach kurzer Zeit bezahlt.**

TEURE SCHLAFZEITEN

Durchschnittlich bezahlt jeder Haushalt jährlich 50 € für Strom für Geräte, die schlummern, also im Bereitschaftsmodus sind, statt ganz ausgeschaltet zu sein. Die EU sorgt bereits mit schärferen Gesetzen dafür, dass der **Stand-by-Verbrauch von neuen Geräten immer niedriger** wird, doch man sollte auch selbst aktiv werden, denn gerade ältere Geräte hauen richtig rein.

Übrigens:

17 Mrd. kWh werden nach Schätzungen des Umweltbundesamts jedes Jahr in Deutschland allein durch Stand-by verbraucht. Ohne diese Verschwendung könnten wir **auf zwei große Kohlekraftwerke verzichten** und dem Klima so 14 Mio. t CO_2 ersparen!

Die Lösungsstrategien sind so einfach, dass man darauf eigentlich auch selbst hätte kommen können – oder?!

1. Ermittle den Stromverbrauch der ausgeschalteten Geräte – du wirst überrascht sein.

2. Benutze schaltbare Steckdosenleisten für alles, was ausgeschaltet immer noch Strom verbraucht.

3. Ziehe den Stecker von selten genutzten Geräten nach Gebrauch aus der Steckdose.

4. Lasse Steckernetzteile und Ladegeräte nicht dauerhaft in der Steckdose.

HERD MIT HAKEN

Die „Mikrowelle" muss ganz korrekt Mikrowellenherd heißen, denn die Mikrowellen sind lediglich die elektromagnetisch erzeugten Felder, die das Gerät nutzt. Sie ist deshalb so effizient, weil Teller, Gläser und Schüsseln von ihr nicht mit aufgeheizt werden: Es wird **lediglich das Wasser erhitzt,** das im Essen enthalten ist.

Obwohl das gute Stück also Herd heißt, kannst du damit nicht alles machen, was dein normaler Herd kann: Metall und ganze Töpfe dürfen nicht hinein, mit großem Gargut ist sie überfordert, Nudeln kochen und scharfes Anbraten sind nicht möglich. Dennoch hat die Mikrowelle einen großen Vorteil: Kleine Portionen lassen sich damit sehr bequem und schnell aufwärmen. **Energieeffizient ist das aber nur bis 400 g Essen oder 250 ml Flüssigkeit.** Für große Mengen sind der Wasserkocher oder der Kochtopf die bessere Wahl.

Beim Kauf suchst du übrigens vergeblich nach dem **EU-Energielabel, das gibt es für diese Geräteklasse noch nicht.** Gute Geräte sind so leider viel schwieriger zu identifizieren.

Übrigens:

Wer noch keine Mikrowelle hat, sollte sich **besser auch keine zulegen.** Die Energieersparnis beim gelegentlichen Erhitzen von kleinen Speisenmengen steht in keinem Verhältnis zu der benötigten Energie für ihre Herstellung und den versteckten Stand-by-Verbrauch. Außerdem muss sie letztendlich als Elektroschrott entsorgt werden. Und viel Platz in der Küche verbraucht sie auch noch.

39

OLYMPISCH WASSERKOCHEN

Kleine Mengen heißes Wasser braucht man irgendwie ständig: für Tee, Kaffee, Instant-Nudeln oder die Wärmflasche an kalten Tagen. **Der Wasserkocher ist dafür am schnellsten,** am praktischsten und auch am stromsparendsten.

Und er ist idiotensicher in der Handhabung. Wer außerdem noch diese Tipps beachtet, **spart mit dem Wasserkocher so viel Energie ein** wie nur irgend möglich:

1. Erhitze nur so viel Wasser, wie du wirklich brauchst. Aber Achtung, manche Kocher haben eine Mindestfüllmenge! Wenn du diese nicht beachtest, schadest du der Elektronik darin.

Übrigens:

Entkalke den Kocher regelmäßig, sonst verliert er bis zu 20% Effizienz und geht schneller kaputt. Und appetitlicher sieht es sowieso aus, wenn innen alles blitzblank ist. Das Entkalken geht ganz einfach mit Essig oder Zitronensäure. Je nach Härtegrad deines Trinkwassers ist das häufiger oder nicht so häufig nötig.

2. Wenn euer Warmwasser mit Solarthermie, Gas oder Fernwärme erzeugt wird, fülle den Kocher schon mit warmem Wasser aus dem Wasserhahn statt mit kaltem: Das Erhitzen geht dann schneller und es ist günstiger, als wenn der Wasserkocher das Wasser komplett erwärmen muss.

3. Benutze den Kocher nur für kleine Mengen. Wenn du mehr als eine volle Ladung brauchst, ist der Herd effizienter.

4. Verlasse dich nicht auf die automatische Abschaltung. Manchmal ist die sehr träge, sodass der Kocher noch 20 Sekunden nutzlos weiterläuft. Und vielleicht reicht es dir ja auch schon, wenn das Wasser auf 80–90 °C erhitzt ist. Schalte in diesen Fällen einfach nach Gefühl früher ab.

KAFFEEKONSUM MIT WEITBLICK

Kaffee ist ein kleiner Luxus im Alltag, den man sich mit etwas Planung guten Gewissens gönnen kann. Das sollte man allerdings auch wirklich tun, denn **die Auswirkungen für die Umwelt variieren stark,** je nachdem, welches System man für die Zubereitung wählt.

Der Siegeszug von Portionskaffeesystemen mit Kapseln ist absolut verständlich: Man muss nicht lange warten, kocht genau die richtige Menge, kann ganz einfach verschiedene Sorten ausprobieren und braucht sich nicht um das aromasichere, luftdichte Verschließen des restlichen Kaffeepulvers zu kümmern. Und auch beim Strom- und Wasserverbrauch stehen die Kapselmaschinen gut da! Das alles wiegt der Aspekt der Entsorgung allerdings bei Weitem wieder auf: Die **Kapseln aus Plastik oder Aluminium** sind Einwegverpackungen.

Etwas umweltfreundlicher sind Padmaschinen, denn ihre **Pads aus Filterpapier** können zumindest als Biomüll entsorgt

> ### Übrigens:
> In Deutschland werden jährlich über 3,5 Mrd. Kaffeekapseln verbraucht. Dabei fallen **etwa 11.000 t Müll aus Aluminium, Plastik und Papier** an, genug um 1300 Müllwagen zu füllen. Vor allem Aluminium ist in der Herstellung und im Recycling leider sehr energieaufwendig und sollte als Einweglösung möglichst vermieden werden.

werden und verrotten irgendwann, wie normale Kaffeefilter auch. Ein Nachteil an den Pads ist allerdings die Lagerung, denn mit der Zeit verlieren sie das Aroma.

Eine weitere Alternative sind Maschinen mit **wiederbefüllbaren Kapseln, einem filterlosen Brüheinsatz oder einem Siebträger.** Sie sind ebenfalls für kleine Portionen deines Lieblingspulvers geeignet, und das ganz ohne Markenbindung.

Wenn man mal die Bequemlichkeit außer Acht lässt, ergibt sich eine **interessante Übereinstimmung von Preis und Umweltgedanke:**

· Kapselsysteme: 25–45 Cent/Tasse, viel Müll

· Padsystem: 10–20 Cent/Tasse, wenig (Bio-)Müll

· wiederbefüllbares System: 5–10 Cent/Tasse, sehr wenig Müll

· Filterkaffee, von Hand gebrüht: 5–10 Cent/Tasse, sehr wenig Müll

GENUSSVOLL SPAREN

Wie energiesparend man kochen kann, hängt zunächst von der „Antriebsart" des Herdes ab. Aber wie immer gibt es auch hier ein paar Tricks und Kniffe, mit denen man **den Energieverbrauch bei jedem Herd senken** kann.

Jeder Herd hat Vor- und Nachteile: Ein Gasherd ist günstig im Verbrauch, erzeugt aber viel CO_2. Ein Elektroherd braucht derweil viel Strom. Und ein Induktionsherd ist im Vergleich schneller und sparsamer, aber man benötigt spezielle Töpfe für ihn. Die folgenden Tipps hingegen bringen **allgemeingültige Vorteile für den Energieverbrauch beim Kochen:**

- Wähle die Topfgröße passend zum Kochfeld: Das Feld darf nicht größer als der Topf sein, sonst geht Hitze an den Seiten verloren und der Energieverbrauch steigt um 10–30%.
- Koche immer mit Deckel, damit heiße Luft und Wasserdampf nicht ungenutzt nach oben entweichen können. Ohne Deckel steigt der Verbrauch um 50%.

- Gemüse mit möglichst wenig Wasser zubereiten, am besten mit einem Dampfgareinsatz. Das spart nicht nur Energie, sondern auch Wasser, und es erhält die Vitamine im Essen.

- Warte nicht, bis das Wasser im Topf sprudelnd kocht: Nudeln, Reis und Kartoffeln können schon früher hinzugegeben werden und brauchen dann nicht mehr so lang.

- In den letzten 5 Minuten der Kochzeit die Platte abschalten und die Restwärme nutzen.

Übrigens:

Wenn ihr eine große Mahlzeit für vier Personen zubereitet, werden dafür 1–1,5 kWh verbraucht. Das würde auch für 100 Tassen Kaffee, eine Ladung in der Waschmaschine oder 10 h Fernsehen reichen. Trotzdem: **Selber kochen ist energetisch gesehen noch immer besser** als Fertiggerichte oder die Nutzung von Lieferdiensten.

VORHEIZEN? SPAR'S DIR (MANCHMAL)!

Fast jedes Kochrezept, das den Backofen nutzt, fordert zum Vorheizen auf. Da jeder Ofen unterschiedlich lange zum Aufheizen braucht, wird dadurch sichergestellt, dass die angegebene Garzeit ausreicht. Leider benötigt der Ofen durch das Vorheizen **bis zu 20% mehr Strom** für den gesamten Backvorgang. Und wenn du mal wieder vergisst, das Essen pünktlich hineinzuschieben, wird es sogar noch mehr.

Übrigens:

Nutze so oft wie möglich die Umluftfunktion, denn dabei kannst du die Temperatur um 20 °C niedriger einstellen als bei Ober-/Unterhitze. Außerdem verringert sich mit dieser Einstellung die Garzeit und du kannst mehrere Backbleche auf allen Ebenen nutzen. **Vermeide unnötiges und langes Öffnen der Tür,** die Luft im Ofen muss sonst jedes Mal neu aufgeheizt werden und die Temperatur schwankt.

Bei Gerichten, die **lange zum Garen im Ofen bleiben** und bei denen die knusprige Bräune erst zum Schluss entsteht, kannst du getrost auf das Vorheizen verzichten. Das sind z.B. Aufläufe, Lasagne, Tiefkühl-Fertiggerichte, Brot und die meisten Kuchen. Denke nur daran, dass sich die empfohlene Backzeit dadurch um ein paar Minuten verlängert.

Immer dann, wenn man **hohe Temperaturen oder nur kurze Backzeiten** braucht, ist das Vorheizen aber auf jeden Fall sinnvoll, etwa bei Pizza, Fisch, Plätzchen oder Muffins.

43

MACH DER EISZEIT EIN ENDE

Urlaub ist ein guter Anlass, um **auch den (Tief-)Kühlgeräten etwas Erholung zu gönnen.** Die rödeln immerhin das ganze Jahr hindurch, um unsere Lebensmittel frisch und verzehrbar zu halten. Tu ihnen doch mal was Gutes – und deinem Stromverbrauch!

Mit der Zeit sammelt sich an der Rückwand vieler Kühlschränke sowie überall im Gefrierfach Eis. Das ist nicht nur unhygienisch, sondern behindert auch die gleichmäßige Kühlung. Ein typischer A+-Kühlschrank beispielsweise verbraucht dann **rund 20–30 kWh mehr pro Jahr als nötig.**

Außerdem kann es sein, dass bei zu viel Eis die Tür nicht mehr richtig schließt. Das Abtauen sollte darum regelmäßig erfolgen, ungefähr einmal im Jahr oder wenn die Eisschicht ca. 1 cm dick ist. Ein paar Tage Abwesenheit sind dafür die ideale Gelegenheit. Der Begriff „Abtauen" ist übrigens wörtlich zu nehmen: Am besten wartest du, bis es taut, das heißt, **du lässt das Eis einfach schmelzen,** denn beim Abkratzen mit Messern oder sonstigem Werkzeug beschädigt man sehr leicht die Isolierung oder das Kühlsystem.

> **Übrigens:**
>
> Wer clever ist, taut im Winter ab: Bei Außentemperaturen von 1 bis 7 °C muss man die Lebensmittel nicht punktgenau aufessen, sondern kann sie **einfach auf dem Balkon oder der Terrasse zwischenlagern.**

SO WIRD DER KÜHL-SCHRANK RICHTIG COOL!

Der Kühlschrank, wohl eines der wichtigsten Geräte in jeder Küche, verursacht **rund 12–15% der gesamten Stromkosten eines Haushalts.** Ohne Kühlschrank geht es nicht, das ist sicher unumstritten. Aber es geht immer noch effizienter und besser!

Wenn du die folgenden Regeln beachtest, kannst du **den Stromverbrauch auf ein Minimum beschränken:**

· Stelle die Temperatur im Kühlschrank richtig ein. 7 °C sind ideal (meist entspricht das Reglerstufe 2), wenn der Kühlschrank weiter herunterkühlen muss, kostet das mehr Strom, den man sich getrost sparen kann.

· Sortiere die Lebensmittel in die jeweils passende Temperaturzone ein: Obst und Gemüse in die Schublade, Fleisch und Fisch ins untere Fach, Milch und Joghurt in die Mitte, zubereitete Speisen nach oben, Getränke in die Tür. Das spart zwar keine Energie ein, ist aber trotzdem nachhaltig, denn bei richtiger Temperatur halten sich deine Lebensmittel länger und du musst nichts wegwerfen, weil es verdorben ist.

- Bei Eisbildung muss abgetaut werden, einmal pro Jahr reicht das in der Regel.

- Überlege dir schon vorher, was du essen oder herausnehmen möchtest, und öffne die Tür nur kurz.

- Lass Tiefkühlware, die du verarbeiten möchtest, über den Tag im Kühlschrank auftauen: Die Kälte, die das Gefriergut abgibt, unterstützt den Kühlschrank beim Kühlen und spart somit Energie ein.

- Stelle kein heißes Essen in den Kühlschrank, sondern lasse es erst auf Raumtemperatur abkühlen: Heiße Speisen erhöhen die Temperatur im Kühlschrankinneren und der Kühlschrank muss dann wieder mit höherem Energieverbrauch gegensteuern.

- Backofen und Wäschetrockner sind denkbar schlechte Nachbarn für einen Kühlschrank, denn sie geben bei Betrieb Wärme ab.

- Die Belüftungen an der Rück- und Oberseite müssen stets freigehalten werden.

Übrigens:

Alte Kühlschränke sind echte Energievernichter. Würde man alle noch in Betrieb befindlichen Kühlschränke der Klasse A oder schlechter in Deutschland gegen brandneue Geräte austauschen, könnten pro Jahr etwa 15 Mrd. kWh Strom eingespart werden. Das ist so viel, **wie die 50 größten deutschen Wasserkraftwerke gemeinsam erzeugen!**

BESSER SPÜLEN LASSEN

Abwaschen gehört für viele zu den lästigsten Pflichten im Haushalt. Da ist es kein Wunder, dass man lieber die Maschine spülen lässt, wenn man eine hat! **Und was den Energieverbrauch angeht, ist das auch absolut in Ordnung.**

Moderne Spülmaschinen sind mit ca. 10 l Wasser (nicht mal ein Spülbecken voll) und 1 kWh Strom **sparsamer, als wenn man dieselbe Menge Geschirr von Hand spült.** Um sie aber wirklich nachhaltig einzusetzen, sind noch ein paar Punkte mehr zu berücksichtigen:

- Verzichte auf die herkömmlichen Spülmaschinentabs: zu viele Phosphonate. Wähle lieber Öko-Pulver, das mit unbedenklichen Reinigungsmitteln auskommt, das ist sowohl für die Umwelt als auch für deine Maschine besser.

- Belade die Maschine richtig, vor allem die Sprüharme dürfen nicht behindert werden.

- Lasse die Maschine nicht halbvoll laufen.

- Spare dir das Vorspülen, entferne nur grobe Speisereste.

- Wähle so oft wie möglich das Sparprogramm mit niedriger Temperatur: 45–50 °C reichen meist aus.

- Nutze einen eventuell vorhandenen Warmwasseranschluss nur dann, wenn dein Warmwasser nicht elektrisch erzeugt wird. Ansonsten erhitzt die Maschine das Wasser umweltfreundlicher.

Übrigens:

Auch bei Spülmaschinen hat sich in den letzten Jahren viel getan, **mittlerweile gibt es keine Geräte mehr zu kaufen, die nicht mindestens Effizienzklasse A haben.** Empfehlenswert ist, wie üblich, A+++. Der Unterschied zwischen beiden? Ungefähr 120 kWh Strom pro Jahr – und 1000 l Wasser!

46

IM SCHONGANG
FÜR DIE UMWELT

Viele Haushalts- und Küchengeräte sind ein Stück Luxus, doch für die Waschmaschine gibt es keine Alternative: Die braucht jeder, und das gefühlt auch ständig. Die Verbrauchsangaben auf dem Energielabel **gehen von 220 Waschgängen pro Jahr aus, das sind mehr als vier pro Woche.** Wenn man das alles von Hand mit dem Waschbrett waschen müsste…! Doch auch wenn du weniger wäschst, lohnen sich die folgenden Tipps.

Das Waschen verbraucht pro Ladung mit 0,5–1 kWh etwas **weniger Strom als ein Durchgang einer Spülmaschine, aber viel mehr Wasser,** nämlich 40–60 l. So kannst du einen unnötig hohen Verbrauch vermeiden und die Maschine effizient betreiben:

· Nutze die Spar- oder Eco-Programme, sie laufen länger, verbrauchen dafür aber weniger Strom.

· Wasche möglichst nur bei 30–40 °C, das reicht bei normaler Verschmutzung immer aus.

· Wähle für Kleidung, die einfach nur wieder frisch riechen soll, das kürzeste Programm, das die Maschine zu bieten hat.

- Überlade die Maschine nicht, sie soll voll sein, es muss sich aber alles darin noch gut bewegen können.

- Lasse die Maschine nicht halbvoll laufen, auch eine eventuell vorhandene Mengenautomatik kann da nicht viel retten.

- Nutze einen eventuell vorhandenen Warmwasseranschluss nur dann, wenn dein Warmwasser nicht elektrisch erzeugt wird. Ansonsten erhitzt die Maschine das Wasser umweltfreundlicher.

- Verwende eher weniger Waschmittel als zu viel und möglichst nur ökologische Produkte.

- Ersetze deine Maschine, wenn sie zu alt geworden ist, aktuell ist ein A+++-Gerät die beste Wahl.

Übrigens:

Beim Waschen von Kleidung aus Kunstfasern, also aus Polyester, Nylon, Acryl, Fleece usw., reiben sich feinste Teilchen der Fasern ab und werden ausgespült. **So entsteht das meiste Mikroplastik, das wir in die Umwelt tragen.** Was man dagegen tun kann? Einen speziellen Waschbeutel einsetzen, vorhandene synthetische Textilien möglichst wenig und schonend waschen und am besten keine neuen Kunstfaserprodukte kaufen.

47

RICHTIG TROCKNEN LEICHT GEMACHT

Der Wäschetrockner ist **wegen seines hohen Stromverbrauchs eines der teuersten Haushaltsgeräte überhaupt,** aber die Bequemlichkeit hat ihn dennoch in 42% der deutschen Haushalte gebracht. Wenn auch dein Haushalt dazu gehört, mache dir doch beim nächsten Mal kurz ein paar Gedanken, bevor du das gute Stück einschaltest.

Wenn du Zeit hast, kannst du alternativ auf Wäscheständer oder -leine zurückgreifen, bei gutem Wetter kannst du die Kleidung sogar raushängen, die Kraft von Sonne und Wind nutzen und alles noch schneller trocknen. Wenn es doch wirklich der Trockner sein muss, dann halte dich an die empfohlene Füllmenge: **Zu voll kostet unnötig Strom, zu leer aber auch.** Das Flusensieb muss sauber sein, sonst steigt der Verbrauch ebenfalls. Und stelle den Trocknungsgrad nicht zu hoch ein, denn dadurch dauert der Trocknungsvorgang länger, kostet mehr Strom und strapaziert auch noch deine Wäsche stärker. Dringend benötigte Einzelteile legst du am besten

Übrigens:

Achte auf die Gesamtkosten! Ein Trockner der Klasse B braucht 2,9–4,2 kWh pro Durchgang. Ein neuer Trockner der Klasse A+++ kostet zwar etwas mehr, braucht dafür aber nur 1,1–1,4 kWh pro Durchgang – du kannst also **für die gleiche Strommenge etwa drei Mal so viel trocknen** wie mit einem B-Modell!

zusammen mit einem frischen, trockenen Handtuch in den Trockner, dann geht's schneller.

Entscheidend ist aber vor allem, was für ein Modell du hast und wie alt es ist: Ein alter Kondensationstrockner benötigt bis zu vier Mal mehr Strom als ein moderner Wärmepumpentrockner! Außerdem sind die neuen Geräte schonender für die Wäsche, es ist kein höherer Verschleiß gegenüber der Trocknung auf der Leine zu beobachten.

AN ODER AUS, DAS IST HIER DIE FRAGE

Soll man die Heizung nun lieber konstant niedrig laufen lassen, damit die Wohnung nicht zu sehr auskühlt und man hinterher nicht stark einheizen muss, oder soll man tatsächlich erst dann kräftig aufdrehen, wenn man auch anwesend ist und es warm haben will? Wer eine Antwort auf diese Frage sucht, findet viele Erklärungen und weiß hinterher meist auch nicht mehr. **Ein Vergleich hilft weiter.**

Stelle dir vor, du hast ein Glas mit einem kleinen Loch im Boden. Du füllst das Glas: Je voller es ist, desto mehr Wasser läuft heraus. Jetzt gehst du zum Sport, hinterher willst du etwas trinken. Stellst du dann das Glas **unter den laufenden Wasserhahn, damit es voll bleibt,** bis du zurück bist? Oder lässt du es leerlaufen und füllst es nach dem Sport einfach einmal komplett wieder auf? Die Antwort liegt natürlich auf der Hand: Erst wenn du das Wasser unmittelbar brauchst, füllst du das Glas erneut.

Nichts anderes passiert beim Heizen. Die warme Luft entspricht dem Wasser im Glas. Schalte also die Heizung aus! **Der schleichende laufende Verlust ist immer größer** als der einmalige Energiebedarf zum Wiederherstellen der Wunschtemperatur. Es gibt zwei Ausnahmen, die haben aber nichts mit Energiesparen zu tun. Wenn du

Probleme mit Schimmel hast, sollte es in der Wohnung nicht zu kalt werden. Und im Winter musst du die Leitungen vor Frostschäden schützen.

Dein Verhalten ist natürlich nicht alles, was beim Heizen zählt: Ein Energieberater oder Heizungstechniker kann zum Thema **Modernisierung und Dämmung** beraten.

49

ES WERDE LICHT – ABER BITTE SPARSAM

Ungefähr 9% der jährlichen Stromrechnung wird für die Beleuchtung fällig. **Leuchtmittel im Haushalt wurden im Laufe der letzten Jahre stark weiterentwickelt,** und das erfreut nicht nur die Umwelt.

Von den alten Glühbirnen, absolute Stromfresser, die mittlerweile praktisch verboten sind, gelangten wir über die nur unwesentlich effizienteren Halogenlampen und Kompaktleuchtstofflampen mit schlechter Haltbarkeit, oft kaltem Licht und giftigen Bestandteilen zu den heutigen LEDs. Diese sind **sehr hell, brauchen wenig Strom und halten ewig.**

Übrigens:
Wenn eine alte Glühlampe durch eine LED-Lampe ersetzt wird, lohnt sich das schon nach sehr kurzer Zeit, weil **für die gleiche Helligkeit zehn Mal weniger Strom benötigt** wird. Und auch alte Energiesparlampen sollten weg: Ihnen gegenüber sparen die LEDs gut die Hälfte an Strom ein.

Die Einheit für die gefühlte Lichtstärke setzt sich erst langsam in den Köpfen durch. Früher gab es nur W, weil die Helligkeit direkt vom Stromverbrauch abhing. Das ist heute zum Glück nicht mehr so. Anschaulicher ist die physikalisch korrekte Einheit lm (Lumen), denn damit lässt sich die Effizienz der Leuchtmittel vergleichen: **je mehr lm pro W, desto besser.** Einen ganz einfachen Weg zum Sparen gibt es übrigens auch: beim Verlassen des Zimmers immer das Licht ausschalten.

ROBO, SAUG MAL!

Reinigungsroboter sind auf dem Vormarsch und sollen **das Staubsaugen revolutionieren.** Kannst du damit guten Gewissens auf deinen alten Staubsauger verzichten und gleichzeitig Zeit und Geld sparen?

Bei der Reinigungsleistung kommt der Roboter leider nicht an konventionelle Geräte heran. Ecken, hohe Teppiche, Möbelkanten, Treppen und grober Schmutz stellen ihn vor Probleme. Das kann der alte Sauger besser. Ein guter Kompromiss ist es, wenn du mit dem Roboter für eine gewisse Grundsauberkeit sorgst und alle paar Wochen mit dem normalen Sauger nachbesserst. Das spart Zeit, aber **leider kannst du den alten Sauger nicht komplett ablösen.**

Beim Energiebedarf ist es ein knappes Unentschieden. **Der Roboter verbraucht zwar wenig, läuft aber auch viel länger.** Der Stromverbrauch von etwa 30–45 kWh pro Jahr liegt um rund 15 kWh über dem des konventionellen Saugers, denn bei Letzterem wurde die Maximalleistung gesetzlich begrenzt.

Übrigens:

Fairerweise sollte man **beim Kostenvergleich auch die Filterbeutel berücksichtigen,** die viele normale Staubsauger benötigen. Die Anschaffungskosten von 100–500 € für einen Staubsaugerroboter wirst du im Vergleich allerdings niemals wieder wettmachen, dafür reicht die geringe Ersparnis pro Jahr nicht aus.

ROBO, MÄH MAL!

Endlich kommen wir zu einer Geräteklasse, die eine ganz klare Empfehlung erhält: **Rasenmähroboter sind echt super.** Pollenallergiker müssen sich beim Rasenmähen nicht mehr dem aufgewirbelten Blütenstaub aussetzen, Menschen mit wenig Freizeit sparen diese zeitaufwendige Tätigkeit ein, und Rasenliebhaber freuen sich über dauerhaft gut gepflegtes Grün. Und auch das Klima sagt Danke.

> **Übrigens:**
>
> Der Stromverbrauch eines Rasenmähroboters liegt je nach Modell, Fläche und Nutzung bei **45–60 kWh pro Saison.** Das ist genau so viel wie bei normalen Elektromähern. Mit einem komplett handbetriebenen Sichelmäher brauchst du gar keinen Strom, aber dann hast du auch keine Zeitersparnis. Es gibt eben nichts umsonst...

Wenn **mit dem Roboter ein Benzinrasenmäher ersetzt** wird, freut sich die Umwelt ganz besonders: weniger Schadstoffausstoß, weniger fossile Brennstoffe, weniger Lärmbelastung, keine Öltropfen, die ins Grundwasser gelangen können. Gibt es auch Nachteile? Nun, mit längeren Pausen etwa während eines Urlaubs kommt der Roboter nicht gut zurecht, denn mit hohem Gras ist er überfordert. Und die erste Inbetriebnahme ist mühsam, weil im Garten Begrenzungs- und Führungsdrähte verlegt werden müssen. Wenn das für dich nicht ins Gewicht fällt, ist der Rasenrobo sicher schon bald dein bester Freund!

52

AUSSCHLAFEN STATT GIESSEN

Garten und Balkon sollen Orte zum Entspannen sein, und da gehören für viele sattes Grün, farbenprächtige Blumen sowie selbst angebautes Obst und Gemüse einfach dazu. Die Pflanzen brauchen Pflege, vor allem die richtige Menge Wasser. Das ist aber nichts für Langschläfer, denn **Profi-Gärtner empfehlen, morgens zwischen 5 und 6 Uhr zu gießen.** Abhilfe ist zu bekommen – aber freut diese auch die Umwelt?

Automatische Bewässerungssysteme mit Computersteuerung, Feuchte- und Temperatursensoren sowie Tropf- und Sprühdüsen können die Gartenarbeit erheblich erleichtern. Für die Pflanzen ist das ideal, denn sie werden nicht mehr vergessen oder zur falschen Zeit gegossen. Und auch für den Wasserverbrauch ist es sinnvoll: **Verdunstungsverluste werden minimiert,** versehentliches zu langes Gießen passiert nicht mehr. Die Anschaffungskosten von mehreren hundert Euro sparst du zwar über die Wasserrechnung nicht wieder ein, aber Wasser sparen lohnt sich dennoch immer!

Übrigens:

Für einen großen Garten empfehlen sich außerdem ein paar **Regentonnen oder ein Nutzbrunnen.** In einer Saison gehen schon mal 20.000 l Wasser ins Erdreich, damit könnte man ein kleines Schwimmbad füllen. Und die Sommer werden ja immer heißer.

EIN HOHER PREIS FÜR UNSERE TECHNIK

Wir haben uns schon daran gewöhnt, dass Smartphones, Hochleistungsakkus, Bildschirme oder Platinen **relativ günstig und für jeden verfügbar** sind. Dabei ist ihre Herstellung extrem aufwendig und gleich mehrfach problematisch.

Einerseits ist da der Energieverbrauch. Das lässt sich in Industriestaaten zwar optimieren oder durch Ökostrom abmildern, aber viel Energie bleibt es trotzdem. **Für die Herstellung eines einzigen Smartphones fallen 90–110 kWh an.**

Andererseits ist da der **Ressourcenverbrauch von Metallen und sogenannten Seltenen Erden.** Deren Abbau und Weiterverarbeitung geschehen teils unter extremen Umweltbelastungen durch Tagebau, Wasservergiftung, Chemikalieneinsatz und CO_2-Ausstoß, nicht zuletzt durch den Transport um die ganze Welt. Zudem arbeiten die Menschen in den Entwicklungs- und Dritte-Welt-Ländern, aus denen die Seltenen Erden kommen, unter unwürdigen Bedingungen, es gibt keinen Arbeits- und Gesundheitsschutz und keine Lohngerechtigkeit. Den Profit aus dem Handel mit den Endprodukten streichen Großkonzerne, Militärdiktaturen und korrupte Regierungen ein.

Eine politische Lösung für das Problem ist mühsam, die Regierungen der rohstoffreichen Länder haben oft kein Interesse daran oder sind handlungsunfähig. Eine technologische Lösung besteht aus **Forschung und Entwicklung:** Im Bereich der Akkutechnik beispielsweise gibt es ständig Verbesserungen und neue Möglichkeiten, sodass etwa auf das besonders umstrittene Kobalt schon bald verzichtet werden kann.

Übrigens:

Die ökonomische Lösung wäre der **Boykott von schlechten Produkten und Herstellern.** Das scheitert oft an fehlender Transparenz und mangelndem Interesse der Kunden. Sich umfassend zu informieren, das ist vielen zu mühsam. Dabei gibt es durchaus Alternativen, z.B. Smartphones mit nachhaltigem Konzept wie das Fairphone oder das Shiftphone. Deren Hersteller bemühen sich um konfliktfreie Materialien, faire Herstellung und vor allem um Ersatzteilversorgung, Reparaturfreundlichkeit, Updates und eine ressourcenschonende Entsorgung.

WERTVOLLER SCHROTT

Nichts hält ewig, das gilt leider auch für Technik. Geräte aller Art gehen entweder kaputt oder bringen die gewünschte Leistung nicht mehr, Batterien sind irgendwann leer. Doch elektronische Geräte enthalten oft Schadstoffe, darum ist es auch **verboten, sie in den Hausmüll zu werfen!** Die fachgerechte Entsorgung als Elektroschrott ist die Lösung dafür. So können dann auch gleich wertvolle Rohstoffe recycelt werden.

Übrigens:

Akkus und Batterien wirst du sogar noch bequemer los, denn dafür gibt es **deutschlandweit über 170.000 Sammelstellen,** z.B. in Supermärkten, Bürgerämtern, Elektro-Fachgeschäften, Baumärkten und natürlich bei den Wertstoffhöfen. Die grüne Sammelbox ist für normale Batterien und Akkus. Die gelbe Sammelbox ist für Lithium-Ionen-Akkus; schütze die offenliegenden Kontakte aber bitte mit Klebeband vor Kurzschlüssen, bevor du sie entsorgst.

Aber was gilt denn nun alles als Elektroschrott und wo kannst du ihn loswerden? Elektroschrott ist praktisch alles, was irgendwie mit Strom betrieben wird, **auch Kabel, Steckdosenleisten, Akkus und batteriebetriebene Geräte.** Man erkennt es auch daran, dass auf dem Gehäuse das Symbol eines durchgestrichenen Abfallbehälters zu sehen ist. Batterien müssen unbedingt ausgebaut und separat entsorgt werden, ebenso Akkus. Von Lithium-Ionen-Akkus geht eine große Brandgefahr aus.

Elektronik und Kleingeräte bis 25 cm Kantenlänge kannst du **kostenlos in größeren Fachgeschäften zurückgeben,** unabhängig davon, ob du ein neues Gerät kaufst oder nicht. Für Elektro-Großgeräte gilt der 1:1-Tausch: Beim Kauf eines neuen Geräts kannst du das alte zurückgeben. Und wenn du nun immer noch was übrig hast, nehmen auch die Wertstoff- und Recyclinghöfe der Kommunen so ziemlich alles an Schrott entgegen, natürlich ebenfalls kostenlos.

BITTE BRING'S ZURÜCK!

Handys und Smartphones sind wahre Schätze! Sie enthalten viele wertvolle Rohstoffe, die wir gut gebrauchen können, denn die Ressourcen sind begrenzt. **Das richtige Recyceln dieser kleinen Kostbarkeiten ist also immens wichtig.**

125 Mio. Handys liegen in Deutschland ungenutzt herum, das sind bei 40 Mio. Haushalten etwa drei Geräte pro Haushalt! Die darin enthaltenen Rohstoffe wie Gold und weitere Edelmetalle ließen sich gut zurückgewinnen, aber dafür müssten die Geräte fachgerecht recycelt werden. Aus 1 t alten Smartphones kann man 250 g Gold zurückgewinnen – zum Vergleich: 1 t Erz enthält nur mickrige 5 g!

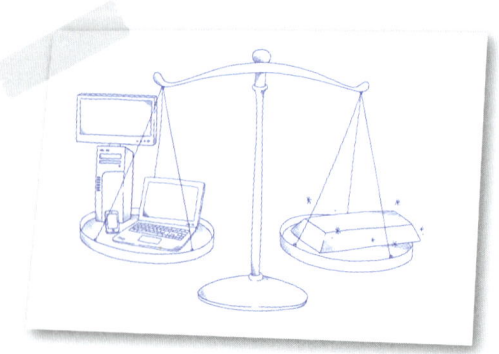

Die erste Adresse dafür kann der nächstgelegene Recyclinghof sein. Wenn dir das zu umständlich ist, kannst du das Telefon auch anders sinnvoll loswerden. In Mobilfunkgeschäften, Elektromärkten und an vielen anderen öffentlichen Plätzen findest du Sammelboxen, wie du sie für leere Batterien kennst. Die Standorte solcher Boxen listen etwa www.mobile-box.eu und www.handysammelcenter.de auf. Auch www.handysfuerdieumwelt.de hilft weiter. Hier und bei vielen anderen annehmenden Unternehmen kann man das zu recycelnde Handy auch einfach per Post einschicken. Falls das Handy noch funktioniert, **denke vorher an das Löschen deiner persönlichen Daten** – sicher ist sicher.

Übrigens:

25% aller Deutschen haben neben Handys auch noch zwei oder mehr alte PCs oder Laptops zuhause. Bei den Handys wird zumindest die Hälfte noch einmal weiterverkauft, bevor sie entsorgt werden. PCs und Laptops schaffen das nicht, die wandern **in aller Regel aus erster Hand in den Elektroschrott.**

56

NACHHALTIG VON ANFANG BIS ENDE

Gute technische Produkte sind nicht nur effizient im Betrieb, sondern auch **reparaturfreundlich konstruiert, umweltverträglich und nachhaltig hergestellt und aus unproblematischen Materialien gefertigt.** Um sie zu finden, solltest du nach Siegeln Ausschau halten, die all dies berücksichtigen.

Am bekanntesten ist dabei wohl **der Blaue Engel.** Wer sich dieses Gütezeichen verdienen will, muss seine Produkte oder Dienstleistungen deutlich sparsamer, gesünder und langlebiger, sprich: nachhaltiger gestalten als die Konkurrenz. Hast du also die Wahl zwischen zwei weitgehend identischen Produkten, dann kann der Blaue Engel eine Entscheidungshilfe sein. Er wurde in den letzten 40 Jahren über 12.000 Mal vergeben und ist optisch bewusst einfach gehalten: nur ein Logo, ganz ohne verwirrende Zusatzangaben.

Übrigens:

Ein Freifahrtschein für hemmungslosen Konsum ist der Blaue Engel aber nicht: Er besagt lediglich, dass ein Produkt mit Siegel die bessere Wahl ist als eines ohne. Trotzdem sollte man **jede Kaufentscheidung im Vorfeld gründlich durchdenken** und nur anschaffen, was man auch wirklich benötigt.

57

NEUES AUS ALTEM SCHROTT I

Du hast wirklich alles versucht, aber dein Stück High-Tech lässt sich einfach nicht mehr bestimmungsgemäß verwenden und auch nicht reparieren oder verkaufen? Dann kannst und solltest du jetzt **deiner Kreativität und deinem Basteldrang freien Lauf lassen.**

Die folgenden Ideen **sollen dich inspirieren,** sicher fällt dir noch mehr ein!

- Aus einem alten PC-Gehäuse kannst du einen tollen Hamsterkäfig bauen.

- Die Tastenkappen von einer kaputten Tastatur verzieren einen Bilderrahmen.

- Ein RAM-Modul oder einen Prozessor kann man wunderbar als Schlüsselanhänger verwenden.

- Verwende eine zerlegte Festplatte als Halterung für eine Analoguhr.

- Aus bunten Patchkabeln kannst du einen Hängekorb knüpfen, z.B. für Obst.

Übrigens:

Vor dem endgültigen Verschrotten kannst du so manches Gerät noch verschenken, auch wenn es nicht mehr funktioniert. **Kleine Kinder freuen sich unglaublich über ein „eigenes" Telefon,** eine Kamera oder einen Laptop und spielen einfach damit. Falls noch etwas blinkt oder Geräusche macht, umso besser!

NEUES AUS ALTEM SCHROTT II

Sehr **alte Computer und Notebooks eignen sich bestens, um noch etwas Sinnvolles damit anzufangen,** indem man sie nicht nur verbastelt, sondern ihre Fähigkeiten weiter nutzt. Aber Achtung: Das ist vor allem was für echte Profis!

Probiere doch zum Beispiel mal Folgendes:

- Ein alter PC mit möglichst sparsamem Prozessor und großer Festplatte kann noch als Heimserver für die ganze Familie oder WG dienen, zum zentralen Datenaustausch, als zusätzliches Backup oder auch als eigener Cloud-Speicherdienst.

- Aus einem möglichst kleinen PC mit HDMI-Anschluss kannst du einen Mediaplayer fürs Wohnzimmer zaubern: Einfach mit deiner privaten Film- und Musiksammlung bestücken, und los geht's!

- Mit einem Emulator für Spielkonsolen (z.B. RetroPie) wird aus dem alten Computer ein universelles Videospielgerät, das fast alle älteren Konsolen unterstützt.

- Zwei Netzwerkkarten und ein Uralt-PC reichen, um sich einen eigenen Router zu basteln. Du kannst ihn auch gezielt als zentralen

Adblocker einrichten (z.B. Pi-hole), er übernimmt diese Aufgabe dann automatisch für alle Geräte im heimischen Netzwerk. All das funktioniert natürlich auch im WLAN.

· Aus alten Notebooks und Tablets lässt sich ein digitaler Bilderrahmen für Fotos bauen.

· Achtung, anspruchsvoll: Aus einem Notebook und einem Overheadprojektor wird ein Videoprojektor.

Übrigens:

Bei allem Spaß an der Spielerei solltest du **den Stromverbrauch nicht aus den Augen verlieren:** Möchtest du ein altes Gerät dauerhaft nutzen, etwa als Server, Mediaplayer oder Router, solltest du vorher herausfinden, was es verbraucht. Oft kann es nachhaltiger sein, stattdessen einen Raspberry Pi als Bastelrechner anzuschaffen.

59

MIET AND FREU

Der Besitz materieller Güter macht nicht glücklich, das wissen nicht nur bekennende Minimalisten. Natürlich gibt es Situationen, in denen man sich einen bestimmten Gegenstand herbeisehnt, aber **vielleicht hat man momentan nicht das Geld für diese Anschaffung oder man hat keinen Platz dafür zuhause.** Gerade bei teuren und großen technischen Geräten können solche Gründe gegen den Erwerb sprechen. Brauchen tut man das Gerät ja aber dennoch…

Du hättest für die bevorstehenden Ferien gerne die neueste Spielekonsole? Oder eine gute Kamera für den lang geplanten Urlaub? Einen Beamer für die nächste Fußball-WM? Damit du nicht all diese Dinge anschaffen musst und hinterher nicht weißt, wohin damit, **probiere doch mal aus, sie zu mieten.**

Übrigens:

Über einen längeren Zeitraum wird Mieten natürlich zu teuer. Manche Verleiher bieten aber auch einen Mietkauf an: Sobald du so viel Miete bezahlt hast, wie das Gerät kostet, gehört es dir. Das ist oft nach ein bis zwei Jahren der Fall. Das kann verlockend sein; **denke trotzdem vorher darüber nach, ob du das Gerät wirklich dauerhaft benötigst.**

Für ein bis zwei Monate ist der Mietpreis für ein Gerät fast immer günstiger als sein Kaufpreis. Und auch für die Umwelt ist Mieten gut, denn **die Geräte werden so im Schnitt mehr genutzt,** als wenn sie nur bei einer Person im Schrank liegen. Damit haben sich die aufwendige Herstellung und der Ressourceneinsatz dafür viel mehr gelohnt. Außerdem kannst du auf diesem Weg etwas intensiv ausprobieren, bevor du dich für den Kauf entscheidest.

GRAUE EMINENZ? NEIN, GRAUE ENERGIE!

Schon mal von Grauer Energie gehört? Gemeint ist keine unheimliche, überirdische Macht, die uns auf göttliche Weise mit Strom versorgt, wie man – zugegebenermaßen mit lebhafter Fantasie – vielleicht vermuten könnte. Vielmehr beschreibt dieser Wert den **Ressourcen- und Energieeinsatz in der Herstellung eines Produkts.** Es handelt sich also um den kumulierten Energieaufwand.

Die Graue Energie wird entweder in kWh oder in CO_2-Ausstoß angegeben und **fasst pro Produkt den Verbrauch zusammen** für

· Rohstoffgewinnung

· Veredelung

· Produktion

· Verpackung

· Transport

· Lagerung

Übrigens:

Das Statistische Bundesamt hat ausgerechnet, dass **jedem für Waren ausgegebenen Euro im Durchschnitt 1 kWh Stromverbrauch gegenüberstehen.** Graue Energie kannst du nicht direkt einsparen. Aber zumindest kannst du auf Einweg- und Wegwerfartikel verzichten und das, was du besitzt, lange und effizient nutzen, um diesem Energieeinsatz möglichst viel Nutzen abzugewinnen.

Diese indirekte oder versteckte Energie ist beim Kauf nicht sichtbar, sie gehört aber unbedingt in die Gesamtenergiebilanz eines Produkts. Du kannst zwar beim Betrieb des Produkts Ökostrom nutzen und so für eine bessere Bilanz sorgen, aber auf den Herstellungsprozess, den dabei genutzten Strom, der vielleicht aus Atomkraft oder Kohle gewonnen wurde, den Benzin- und Dieselverbrauch, den Einsatz von Chemikalien usw. hast du keinen Einfluss.

Beispiele für Graue-Energie-Werte:

· Aluminium-Getränkedose = 0,8 kWh

· Rolle Klopapier = 1,3 kWh

· Akku, Größe AA = 1,5 kWh

· Paket Kopierpapier = 13 kWh

· PC = 1800 – 2000 kWh

· Auto: 30.000 – 50.000 kWh

61

WIRKLICH GRÜN ODER NUR GEFÄRBT?

Fragst du dich auch manchmal, **woher auf einmal die ganzen Öko-, Green-, Blue- und Eco-Power-Produkte kommen?** Sollten etwa alle Hersteller plötzlich nur noch nachhaltig und umweltfreundlich produzieren? Das wäre ja ein Traum?!

Leider ist es das wirklich, denn viele Unternehmen nutzen diese Begriffe, **um sich in der Öffentlichkeit möglichst positiv darzustellen.** Das nennt sich Greenwashing (wörtlich „Grünwaschen"). Erklärungen zu Nachhaltigkeit und Energieeffizienz für einen Teil der Produkte sollen vom häufig gar nicht mehr nachhaltigen Hauptgeschäftsfeld ablenken. In Wahrheit aber wird mehr Geld für diese Werbung ausgegeben als für den Umweltschutz.

Es ist natürlich richtig, dass ein Gaskraftwerk besser ist als Kohlestrom. Es stimmt auch, dass ein bestimmtes Auto weniger Benzin verbraucht als die Konkurrenz. Und natürlich halten sich die meisten Unternehmen an die Gesetze. Wirklich innovativ und in besonderem Maße nachhaltig ist das aber nicht, **also gibt es auch keinen Grund, so etwas an die große Glocke zu hängen.**

Übrigens:

Die Angabe „Aus kontrolliert biologischem Anbau" und das EU-Biosiegel sind geschützt und werden streng kontrolliert, derart ausgezeichnete Produkte kannst du bedenkenlos kaufen. Und es gibt noch einige weitere **Biosiegel, denen du vertrauen kannst,** etwa Bioland oder demeter. Vorsicht ist angebracht bei Wörtern wie „umweltfreundlich", „biologisch", „klimafreundlich", „nachhaltig", „natürlich": Das kann jeder behaupten, einfach so.

SHOP' VOR ORT!?

Shoppen im Internet ist nicht nachhaltig! Oder doch? In der Tat gibt es **gute Argumente für den Online-Handel, aber genauso für den stationären Einzelhandel.** Wie immer hängt es von den Umständen ab, was die bessere Lösung ist.

Übrigens:

Sinnloses **Shopping aus Langeweile passiert online viel leichter** als im Laden vor Ort. Im Jahr 2019 hatte der On-line-Handel einen Marktanteil von ca. 12% in Deutschland, unter anderem wurden Bekleidung und Schuhe im Wert von 16 Mrd. € gekauft! Das ist aber dummerweise auch die Kategorie, in der am meisten zurückgeschickt wird, und bei dieser Summe kann man sich ganz leicht vorstellen, wie viele Stücke sinnlos hin- und hergeschickt wurden …

Ein Vorteil beim Online-Shopping ist das große verfügbare Sortiment. Angebote und Produkte lassen sich sehr einfach vergleichen und du hast **mehr Auswahl, gerade bei Fairtrade-, Öko- und Bioprodukten.** Und auch die CO_2-Bilanz kann punkten: Im Detail hängt sie zwar vom jeweiligen Produkt ab, aber für den Online-Shop an sich fällt sie fast immer besser aus als für den Laden vor Ort. Der muss nämlich viel Aufwand für Heizung und Beleuchtung betreiben und sich die Ware ja auch anliefern lassen. Außerdem kommen viele Kunden mit dem Auto, auch das belastet die Umwelt.

Beim Thema Verpackung steht der Online-Shop schlechter da, denn **jeden Tag werden dafür rund 3000 t Pappkartons hergestellt und hinterher (im besten Fall) wieder recycelt.** Und das Füllmaterial besteht oft aus Plastik, aber auch Papierfüllstoffe werden nach meist einmaligem Gebrauch einfach nur entsorgt.

Das Umweltbundesamt fasst die Diskussion folgendermaßen zusammen: „Online-Handel wird besser, wenn man die Retourensendungen reduziert. Offline-Handel wird besser, wenn die Geschäfte in Energieeffizienz investieren und die Konsumenten **zu Fuß oder mit dem Fahrrad einkaufen."**

Weitere Folgen des Online-Handels haben nichts mehr mit Klimaschutz zu tun, sind aber **relevant für unsere Gesellschaft.** Die Lagerarbeiter und die Fahrer der Paketdienste leiden unter sehr schlechten Arbeitsbedingungen. Und die Innenstädte sterben durch die Konsumverlagerung ins Internet immer mehr aus, da sich vor allem kleine Läden nicht mehr halten können. Vielleicht kann auch das ein Argument sein, öfter wieder in den lokalen Geschäften einzukaufen.

63

BESTELLEN MIT KÖPFCHEN

Auch wenn vieles, was früher auf dem Postweg verschickt wurde, **heute dank der Digitalisierung ganz schnell und einfach** an seinem Bestimmungsort ankommt, gibt es weiterhin Unmengen an Waren, die per Paketdienst oder Spedition durch die Weltgeschichte kutschiert werden müssen.

Das ist nach wie vor Schwerstarbeit, sowohl für die Mitarbeiter der Dienstleister als auch für die Umwelt. Doch wie immer kann jeder einen Beitrag leisten, um **diesen Aufwand zu reduzieren** und effizienter zu gestalten:

· Sorge dafür, dass deine Sendung zugestellt werden kann: Lasse sie z.B. ins Büro liefern oder bei Nachbarn, in einer Packstation oder an einem festgelegten Ort auf deinem Grundstück ablegen. Das vermeidet zusätzliche Fahrerei für den Paketdienst und zusätzliche Fahrerei für dich, um dein Paket in der Filiale abzuholen.

· Vermeide Spontankäufe und Einzelbestellungen. Wenn du schon etwas bestellst, bestelle gleich mehrere Artikel, vielleicht auch gemeinsam mit Freunden und Verwandten, dann lohnen sich Verpackung und Transport mehr.

· Denke vor dem Kauf gründlich über das Produkt nach, damit du ohne Rücksendung auskommst. Kleidung und Schuhe sollten anprobiert werden können, kaufe diese Teile also besser vor Ort.

· Nutze den Standardversand, ohne Express oder andere Extrawünsche. Der ist am effizientesten.

· Nutze wo verfügbar die Option zum CO_2-neutralen Versand.

· Wähle wo verfügbar eine umweltfreundliche Verpackung. Manche (vor allem nachhaltige) Shops lassen den Kunden die Wahl, ob sie einen gebrauchten Karton oder einen neuen bekommen möchten. Das geht in die richtige Richtung!

Übrigens:

Mittelfristig wird in Deutschland mit einem Aufkommen von 4 Mrd. Sendungen pro Jahr gerechnet, das entspricht 13 Mio. Stück pro Tag. Bei durchschnittlich 200 Paketen pro Kleinlaster **fahren also andauernd 65.000 Zustellfahrzeuge durch die Gegend!**

MIT KARTE, BITTE

Der Verzicht auf Bargeld ist gut für die Umwelt. Und das, obwohl elektronische Zahlungssysteme Strom, ein Lesegerät und natürlich für jeden eine Karte aus Plastik oder ein Smartphone erfordern. Aber wie kann das besser sein als Scheine aus Papier?

Ganz einfach, Bargeld muss erstmal produziert werden, und das ist gerade bei Münzen sehr aufwendig. Am meisten Arbeit und Energie wird allerdings für die Lagerung, den Transport und den Betrieb von Geldautomaten fällig, ohne die wir nicht an Bargeld kommen. Nach einer Studie der niederländischen Nationalbank **verursacht eine Kartenzahlung ungefähr 3,8 g CO_2, während eine Bargeldzahlung auf 4,6 g CO_2 kommt.**

Eine weitere Annahme ist gemäß einer anderen Studie allerdings falsch, **die Kartenzahlung ist nämlich nicht flotter.** Bar zahlen geht im Schnitt 7 Sekunden schneller als Karte + PIN und sogar 14 Sekunden schneller als Karte + Unterschrift.

Übrigens:

2018 hat **der Einzelhandel erstmals mehr Geld per Kartenzahlung als in bar eingenommen:** 209 Mrd. €, ganz schön viel. Im europäischen Vergleich jedoch ist Deutschland bei der Nutzung elektronischer Zahlungsmöglichkeiten immer noch unter ferner liefen, nämlich nur auf Platz 29 von 33 Ländern.

65

DIGITALES GELD = EINFACH GENIAL!??

Die Idee von digitalem Ersatzgeld, sogenannten Kryptowährungen, ist lobenswert. **Eine Kryptowährung ist zugleich Zahlungssystem und Geldeinheit,** ohne staatliche Kontrolle, weltweit nutzbar und weitgehend anonym. Der bekannteste Vertreter unter den aktuellen Kryptowährungen ist Bitcoin, es gibt aber noch hunderte andere, z.B. Ethereum, Ripple, Tether oder Litecoin.

Aus ökologischer Sicht sind diese Währungen leider eine einzige Katastrophe. Für das sogenannte Mining neuer Bitcoins und für die Pflege der Transaktionsliste (Blockchain) sind derart große Mengen Strom nötig, dass diese Rechenleistung fast nur in Gegenden mit billigem (und dreckigem) Kohlestrom durchgeführt wird. Eine einzige Bitcoin-Transaktion verbraucht 300–500 kWh Strom – das ist ungefähr 200.000 Mal mehr als eine Zahlung per Kreditkarte oder eine Banküberweisung! Im Alltag kannst du Kryptowährungen ohnehin nicht zum Bezahlen nutzen, also am besten: Finger weg.

Übrigens:

Das gesamte Bitcoin-Netzwerk benötigte 2019 ca. 120 TWh (Terawattstunden) Strom. Das ist der **Jahresverbrauch eines ganzen Landes** in der Größe wie die Niederlande oder Argentinien! Außerdem wurden dabei 31 Mio. t CO_2 freigesetzt, mehr als beim gesamten deutschen Flugverkehr.

NACHHALTIGKEIT MEETS KAPITALISMUS

Auch die Wahl der Bank, bei der du dein Konto führst, spielt eine Rolle. Sogenannte Ökobanken verwenden die Einlagen der Kunden **nur für ethisch und ökologisch sinnvolle Zwecke,** bieten Anlagemöglichkeiten mit geringem Risiko für nachhaltige Unternehmungen und vergeben keine Kredite für Waffenproduktion, Erdölförderung, Massentierhaltung, Gentechnik oder Großkraftwerke.

Wenn auch du dir mehr Transparenz und Nachhaltigkeit im Bereich Finanzen wünschst und außerdem **mit deinem Geld den Umwelt- und Klimaschutz fördern** möchtest, findest du hier also viele Möglichkeiten. Du wirst übrigens nichts vermissen: Es gibt auch bei diesen Banken vollwertige Girokonten, moderne Sicherheitsverfahren, Girocards und Kreditkarten, Tagesgeldkonten, Aktiendepots und Mitbestimmungsmöglichkeiten. Der Wechsel ist dank neuer Gesetze einfach, die neue und auch deine alte Bank helfen dir dabei.

Übrigens:

Für Schüler und junge Erwachsene bieten fast alle Banken kostenlose Girokonten an. Du musst danach allerdings gezielt suchen und ruhig auch mal nachfragen. Für alle anderen liegen die Gebühren wie überall üblich bei 4–9 € pro Monat.

67

GRÜNER STROM

SONNE
WIND
WASSER
BIOMASSE

„Grüne" Stromanbieter schießen wie Pilze aus dem Boden, und **auch viele konventionelle Stromanbieter haben mittlerweile einen Öko-stromtarif** im Angebot.

Die Herstellung von Ökostrom geschieht möglichst umweltverträg-lich, also durch **Nutzung erneuerbarer Energien** wie Wind, Sonne, Wasser, Geothermie und Biogas. Eine CO_2-intensive Produktion aus Kohle und Öl ist nicht erlaubt, genauso wenig wie Atomkraft.

Der Wechsel zu Ökostrom lohnt sich also, im Vergleich zum Durch-schnitts-Strom-Mix kann jeder Haushalt der Umwelt auf diese Weise 1 t CO_2 ersparen. Und der Preisunterschied ist gar nicht so immens. Achte jedoch darauf, **einen vertrauenswürdigen Anbieter zu wählen.** Gütesiegel wie Grüner Strom oder ok-power sowie Testberichte von Greenpeace oder der Stiftung Warentest können hier eine Orien-tierungshilfe sein.

Übrigens:

Ökostrom ist auf dem Vormarsch, sowohl in der Politik und der Industrie als auch in den privaten Haushalten. Lag der Anteil erneuerbarer Energien 2009 am gesamten deutschen Strom noch bei 16%, waren es 10 Jahre später schon 42%. Das ist super, denn je mehr Leute mitmachen, desto eher schaffen wir die Energiewende!

68

MACH DEIN FAHRRAD ZUM KRAFTWERK!

Wenn du bei Radwanderungen oder Ausflügen in die Natur nicht auf dein Telefon verzichten oder unterwegs die stromfressende GPS-Navigation benutzen willst, solltest du diese **Möglichkeit zum Akkuladen via Muskelkraft** kennen!

Übrigens:

Wenn du eh schon am Fahrrad bastelst, kannst du auch noch eine stabile Handyhalterung montieren. So lässt sich das Handy besser für Navigation, Musik und Fitness nutzen, du behältst die Hände frei und **schützt dein Gerät vor versehentlichem Fallenlassen** und je nach Modell auch vor Erschütterungen, Schmutz und Regen.

Erst die Arbeit, dann das Vergnügen, nach diesem Prinzip funktioniert der Nabendynamo an deinem Rad. Es gibt diverse Produkte, die den **Strom, der durch das Drehen der Räder ganz sauber und ökologisch erzeugt wird,** in dein Handy bringen: Einige bestehen nur aus einem kleinen Laderegler und dem Anschlusskabel, manche haben einen integrierten Pufferakku, wieder andere bestehen aus einem neuen Vorderlicht mit USB-Ausgang.

Typischerweise hat ein solcher Dynamo eine Leistung von 2,5 – 5 W. Bei eingeschaltetem Navi reicht das gerade so zum energieneutralen Betrieb, aber nicht mehr zum Laden. Ein ausgeschaltetes Handy hingegen kann damit **mit ca. 15 – 20% pro Stunde geladen** werden. Praxistauglich ist das Ganze also allemal!

69

ROLL ON!?

Die kleinen schlanken Tretroller, auch E-Scooter genannt, liegen voll im Trend: Sie sind einfach zu bedienen, dürfen ganz ohne Führerschein betrieben werden, einen Helm braucht man auch nicht und man kann damit ganz wunderbar von A nach B düsen. **Doch machen sie der Umwelt genauso viel Spaß wie uns?**

In der Ökobilanz sind die Tretroller mit 1–2 kWh pro 100 km weitgehend identisch mit Elektrofahrrädern. Allerdings variiert (auch hier) der damit verbundene CO_2-Ausstoß, **je nachdem, mit welcher Art von Strom geladen wird.** Die Herstellung inklusive Akku sowie der Stromverbrauch sind nicht umsonst, das Ganze lohnt sich für die Umwelt also nur dann, wenn dadurch Fahrten mit dem Auto reduziert werden. Da man einen E-Scooter ganz einfach in öffentlichen Verkehrsmitteln mitnehmen kann, besteht zumindest die Chance, die An- und Abfahrt vom Bahnhof mit dem Auto einzusparen.

Übrigens:

Den Rollern von Vermietungen und Sharing-Plattformen bescheinigt das Umweltbundesamt eine ausgesprochen negative Umweltwirkung. Sie ersetzen meist nur kurze Wege, die man sonst zu Fuß oder mit dem Rad zurückgelegt hätte, verschleißen durch den häufig wenig sorgsamen Umgang schnell und **werden nachts mit Autos eingesammelt und zum Aufladen zurück zur Basis gebracht.**

MIT UNTERSTÜTZUNG FIT FÜR DIE UMWELT

Etwa ein Viertel aller Deutschen besitzt ein E-Bike, auch Pedelec genannt, oder möchte zeitnah eines anschaffen. Als Motivation wird angegeben, dass man längere Radwanderungen unternehmen möchte, ohne Erschöpfung mehr Strecke zurücklegen kann, die eine oder andere Autofahrt einsparen kann, keine Stau- und Parkplatzprobleme mehr bekommt und Sport treiben möchte. Doch lohnt sich das E-Bike auch wirklich für die Umwelt?

Nicht gerade nachhaltig ist die Herstellung, denn sie verbraucht bereits **80% der gesamten Energie, die ein E-Bike in seinem Leben benötigt.** Außerdem werden die Rohstoffe für Akku und Motor, insbesondere Lithium, Kobalt und Neodym, unter sehr problematischen Bedingungen abgebaut. Und der Akku muss unbedingt nach ein paar Jahren sauber entsorgt werden.

Im späteren Betrieb ist der Stromverbrauch dann mit 1–2 kWh pro 100 km verschwindend gering: Umgerechnet in CO_2 und unter Berücksichtigung der Akkulebensdauer ist das 30 Mal weniger als bei einem herkömmlich angetriebenen Auto und auch weniger als bei

Bus und Bahn. **Wird mit dem E-Bike nur ein normales Fahrrad ersetzt, hat die Umwelt zunächst noch nichts gewonnen.** Aber sobald man dadurch auch nur wenige hundert Kilometer lang auf das Auto verzichten konnte, lohnt sich die Sache auch fürs Klima.

Übrigens:

Würden nur 2% aller gefahrenen Autokilometer mit dem E-Bike zurückgelegt, blieben dem Klima 3 Mio. t CO_2 erspart! Die Chancen, das zu erreichen, stehen gut, denn 2019 wurden in Deutschland über 1,3 Mio. Elektrofahrräder verkauft. Wenn wir es nun noch schaffen, **die Bikes ausschließlich mit grünem Strom zu versorgen,** kann die Natur ein wenig aufatmen.

E-AUTOS ALS MOBILITÄTSLÖSUNG?

Was bringen Elektroantriebe im PKW für die Umwelt? Diese Frage erhitzt derzeit die Gemüter von Automobilherstellern, Politik, Ökoverbänden und Berufspendlern wie fast keine andere. Es gibt viele Studien, aber die gehen von sehr unterschiedlichen Vergleichskriterien, Annahmen und Bedingungen aus. Kein Wunder, denn **alle Lobbyisten basteln sich das Ergebnis passend zu ihrem Standpunkt.**

Einige Punkte sind zum Glück unumstritten. Die Herstellung von Elektroautos mit großem Akku verbraucht deutlich mehr Energie und **erfordert viel mehr problematisch abgebaute Rohstoffe** als ein Auto mit herkömmlichem Kraftstoffantrieb. Dabei entsteht mindestens die doppelte Menge CO_2, und das schon lange vor dem ersten gefahrenen Kilometer.

Übrigens:
Die Lärmentwicklung wird durch den Elektromotor nur leicht verbessert, ab 25 km/h sind die Reifen lauter als der Motor.

Diesen Rückstand in der Ökobilanz muss man im Betrieb wieder hereinholen: durch lange Nutzung, viele gefahrene Kilometer und Laden mit Ökostrom. Das ist aber gar nicht so einfach. Die Langstreckentauglichkeit von Elektroautos ist weiterhin deutlich schlechter als beim Diesel und Benziner. Außerdem ermöglicht es die derzeitige Ladeinfrastruktur nicht, dass ausschließlich mit Ökostrom „getankt" werden kann.

Auf der anderen Seite sind Elektroautos abgasfrei und **tragen zu besserer Luftqualität in Städten bei.** Das ist in Zeiten von Fahrverboten und Umweltzonen sicher ein gutes Argument. Es kommt also wie immer auf den Effekt an, der einem am wichtigsten ist. Die Umwelt gewinnt nicht auf allen Ebenen, aber auf einigen.

72

SCHALT AB!

Übrigens:

Für den maßvollen Umgang mit Internet und Technik hat sich der Begriff Digital Detox etabliert, und das ist nicht übertrieben. **Wer durchschnittlich 88 Mal pro Tag auf sein Telefon schaut, muss wirklich mal entgiften,** meinst du nicht?

Wir leben in **ständiger Reizüberflutung:** Unzählige Geräte, Apps, Websites bieten Ablenkung, Unterhaltung, Informationen und Kommunikationsmöglichkeiten und überfordern uns auf Dauer. Wir gewöhnen uns an die ständige Erreichbarkeit, können auch im Wortsinne nicht mehr abschalten und entwickeln Angst, etwas zu verpassen. Das sorgt medizinisch erwiesen für Stress.

Dabei ist der Verzicht gar nicht so schwer! Versuche es doch mal mit diesen kleinen Schritten:

· Lege bestimmte Offline-Uhrzeiten fest und halte sie ein.

· Nimm die Technik nicht mit ins Schlafzimmer oder in die Küche und benutze einen normalen Wecker statt dem auf deinem Telefon.

· Gehe bewusst ohne Smartphone aus dem Haus.

· Lies nur ein- bis zweimal pro Tag deine E-Mails.

· Schalte die Benachrichtigungen auf dem Sperrbildschirm aus.

· Reagiere nicht immer sofort auf Chatnachrichten.

73

DEIN EINSATZ FÜR DEN GUTEN ZWECK

Hast du schon mal was von „Crowdfunding" gehört? Das ist eine spannende Mischung aus **Spende, Vorverkauf und Finanzierung** für ein Projekt, welches bei einer normalen Bank keine Chance hätte. Häufig gibt es solche Aktionen auch für nachhaltige Projekte.

Danke!

Dieses nachhaltige Crowdfunding ist eine tolle Möglichkeit, um den eigenen ökologischen Fußabdruck zu verbessern. **Wenige Euro Einsatz reichen schon aus,** um ein Konzept zu unterstützen und dafür auch meist eine Belohnung zu erhalten. Die deutsche Seite www.ecocrowd.de hat sich auf Nachhaltigkeit spezialisiert, das macht die Auswahl leicht. Auf großen Seiten wie www.kickstarter.com oder www.indiegogo.com gibt es zwar viel mehr Projekte, die gefördert werden können, aber diese sind nicht zwingend umweltfreundlich. Hier musst du also selbst genauer recherchieren und entscheiden, ob die ausgewählte Unternehmung nachhaltig ist.

Übrigens:
Crowdfunding ist längst keine Spielerei mehr, **es geht hier um richtig viel Geld.** Nach aktuellen Schätzungen werden im Jahr 2020 weltweit über 7 Mrd. € von erfolgreichen Kampagnen eingesammelt werden. Vielleicht hast du ja auch selbst eine kreative (nachhaltige) Idee, dann kannst du sie hier der Welt vorstellen und dein eigenes Crowdfunding starten.

DIGITAL FÜR EINE BESSERE WELT

Das Konzept der Digitalen Nachhaltigkeit beschreibt, **wie digitales Wissen langfristig und nachhaltig entwickelt und an die Gesellschaft verteilt werden kann.** Das macht die Welt zu einem besseren Ort und hilft dabei, ideelle Projekte ohne kommerzielle Hintergedanken zu betreiben.

Das Konzept der Digitalen Nachhaltigkeit stützt sich auf zehn Säulen. Die wichtigste ist dabei die Freie Lizenz, unter der man versteht, **dass Daten oder der Zugang zu Informationen von Forschung, Verwaltung und Ämtern offengelegt werden.**

Open-Source-Software ist ebenfalls ein Beispiel für eine Freie Lizenz. Sie ist nicht nur kostenlos, sondern kann auch im Quellcode von jedem eingesehen, verändert und genutzt werden. Digitale Nachhaltigkeit sorgt für **offene Standards, ohne Monopole.**

Die Software wird besser gepflegt und ist dadurch meist sicherer und flexibler. **Arme Länder und Menschen werden nicht von der Digitalisierung ausgeschlossen,** gute Konzepte setzen sich durch, du behältst die volle Kontrolle und bist nicht von einseitigen Lizenzänderungen, Zwangsupdates oder Aktivierungspflichten abhängig. Die erfolgreichsten Vertreter sind Linux, Wikipedia, OpenStreetMap, Firefox, VLC und LibreOffice. Es gibt darüber hinaus für alle nur denkbaren Anwendungsfälle kostenlose Open-Source-Programme, die sich nicht vor der teuren Markenkonkurrenz verstecken müssen.

Übrigens:

Dein Beitrag zur nachhaltigen Softwareentwicklung und Wissensverbreitung kann natürlich aus aktiver Mitarbeit bestehen, das ist immer willkommen. Wenn deine Programmierfähigkeiten dafür noch nicht ausreichen, dann hilft auch schon eine kleine Spende. **Gerade kleine Projekte freuen sich sehr über jede Zuwendung.**

LINK-TIPPS

Wenn dein Interesse an nachhaltiger Nutzung von Technik im digitalen Zeitalter jetzt erst so richtig geweckt ist, findest du auf den folgenden Websites **aktuelle Themen, tiefgehende Hintergrund-informationen sowie nützliche Tipps und Tricks** für einen nachhaltigen Alltag.

www.utopia.de – **Inspirationen und Trends zu nachhaltigem Leben** in allen Bereichen: Technik, Ernährung, Mode, Gesundheit, Beruf, Reisen ... Utopia gehört zur Green Lifestyle Group, die auch das Magazin Öko-Test herausgibt.

www.umweltbundesamt.de – **Zahlen, Daten und harte Fakten,** gut verständlich verpackt und oft mit Bezug zur aktuellen politischen Entwicklung.

www.ecotopten.de – **Kaufemp-fehlungen für grüne Produkte** in diversen Kategorien, betrieben vom Öko-Institut Freiburg.

PLATZ FÜR
DEINE IDEEN

PLATZ FÜR
DEINE IDEEN

PLATZ FÜR DEINE IDEEN

PLATZ FÜR
DEINE IDEEN

PLATZ FÜR
DEINE IDEEN

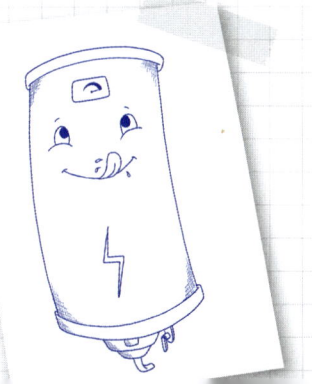

BUCHEMPFEHLUNGEN FÜR DICH

ISBN 978-3-7724-4500-2

ISBN 978-3-7724-7158-2

ISBN 978-3-7724-7151-3

ISBN 978-3-7724-7486-6

ISBN 978-3-7724-8159-8

ISBN 978-3-7724-5339-7

ISBN 978-3-7724-5343-4

ISBN 978-3-7724-7148-3

ISBN 978-3-7724-7149-0

BUCHEMPFEHLUNGEN FÜR DICH

ISBN 978-3-7724-4491-3

GTIN 40-07742-18118-5

ISBN 978-3-7724-7172-8

ISBN 978-3-7724-7164-3

ISBN 978-3-7724-4976-5

ISBN 978-3-7724-7181-0

ISBN 978-3-7724-4373-2

ISBN 978-3-7724-8423-0

ISBN 978-3-7724-8483-4

Viele weitere Kreativ-Bücher findest du auf www.TOPP-kreativ.de

#TOPPprojekt

Die eigene Kreativität zeigen: TOPPprojekt mit anderen Kreativen teilen und Teil der Gemeinschaft werden.

DIY-begeistert und auf Instagram? Dann unbedingt mitmachen! Hier gibt's Tipps und Feedback zu den eigenen Projekten. Außerdem verlosen wir jeden Monat ein Überraschungspaket. Um am Gewinnspiel teilzunehmen, einfach ein Bild vom Kreativ-Projekt aus unseren Büchern mit #TOPPprojekt posten und unserem Account @frechverlag folgen. Mehr Infos auf TOPP-kreativ.de/TOPPprojekt

Mach mit beim

#TOPPPROJEKT

#TOPPprojekt
@frechverlag

Website
Auf TOPP-kreativ.de kannst du ein riesiges Angebot von über 1.000 Kreativbüchern, Sets & mehr entdecken.

Newsletter
Gleich anmelden unter: TOPP-kreativ.de/newsletter und immer als Erstes von unseren Neuheiten und Sonderaktionen erfahren.

Instagram
@frechverlag

DigiBib
Hier findest du zusätzlich zu vielen unserer Bücher digitale Extras, wie Video-Tutorials, Plotter-Dateien, Vorlagen, Übungsblätter & vieles mehr. Einfach im Impressum deines TOPP-Buchs den Freischalte-Code nachschlagen und exklusive Inhalte freischalten. TOPP-kreativ.de/digibib

Pinterest
pinterest.com/frechverlag

Facebook
facebook.com/frechverlag

Youtube
youtube.com/frechverlag

Wer wir sind, wie wir arbeiten, was wir lieben …

Auf Instagram, Facebook und Pinterest findest du mehr über uns und unsere Arbeit und wirst immer schnell und einfach mit den neuesten Infos versorgt.

Alle News, alle Infos und alle Links findest du auf www.TOPP-kreativ.de

IMPRESSUM

Frerik Precht ist an der Grenze zu Ostfriesland aufgewachsen, hat dann viel von der Welt gesehen und lebt jetzt in Berlin. Kunst, Kreativität und Schreiben sind eigentlich gar nicht sein Ding, vielmehr interessieren ihn Wirtschaft, Technik, Computer und Internet. In seinem Job muss er den praktischen Nutzen von Informationstechnologie erklären und verkaufen. Seinen drei Kindern die Welt zu erklären, ist eine ständige Herausforderung, an der er viel Spaß hat.

Illustrationen: Josy Jones Graphic Design & Illustration
Produktmanagement und Lektorat: Stephanie Iber
Covergestaltung: Sandra Preinl
Herstellung: Jessica Siebert
Layout und Satz: FSM Premedia, Münster
Druck und Bindung: POLYGRAF PRINT spol. s r.o.

FSC
www.fsc.org
MIX
Papier aus ver-
antwortungsvollen
Quellen
FSC® C023577

1. Auflage 2020

© 2020 frechverlag GmbH, Turbinenstraße 7, 70499 Stuttgart

ISBN 978-3-7724-4496-8 • Best.-Nr. 4496